高等职业教育系列教材

市政与路桥
工程CAD

SHIZHENG YU LUQIAO GONGCHENG CAD

主　编　方菲菲
副主编　魏爱武　张雅静
　　　　弓永利
参　编　武冬梅

华中科技大学出版社
http://www.hustp.com
中国·武汉

内容简介

全书分为13个学习情境,包括三部分。第一部分(学习情境1、学习情境2)为AutoCAD功能、启动方式、界面组成及图形文件的基本操作、绘图前的准备工作等;第二部分(学习情境3~学习情境10)为相关命令的功能与操作介绍,包括基本二维图形的绘制、二维图形的编辑与修改、精确绘图辅助工具、多段线和多线的绘制与编辑、图案填充、块的创建与编辑、对象的特性与图层设置管理、设计中心、尺寸标注、文字的创建与表格、布局与打印;第三部分(学习情境11~学习情境13)讲述道路工程图、桥涵工程图、市政给排水管道工程图的绘制步骤及技巧。本书将基本理论与工程应用紧密结合起来,强化综合实践操作技能,可供高职高专路桥、市政等相关专业学生作为教材使用,也可供从事土木工程类设计的人员及AutoCAD爱好者使用。

为了方便教学,本书还配有电子课件等教学资源包,任课教师可以发邮件至husttujian@163.com索取。

图书在版编目(CIP)数据

市政与路桥工程CAD/方菲菲主编. —武汉:华中科技大学出版社,2019.1(2024.7重印)
ISBN 978-7-5680-4932-0

Ⅰ.①市… Ⅱ.①方… Ⅲ.①市政工程-道路工程-计算机辅助设计-AutoCAD软件-高等职业教育-教材 ②市政工程-道路工程-计算机辅助设计-AutoCAD软件-高等职业教育-教材 Ⅳ.①U412-39 ②U442.5-39

中国版本图书馆CIP数据核字(2019)第009639号

市政与路桥工程CAD 方菲菲 主编
Shizheng yu Luqiao Gongcheng CAD

策划编辑:	康　序
责任编辑:	史永霞
责任监印:	朱　玢

出版发行:华中科技大学出版社(中国·武汉)　　电话:(027)81321913
　　　　　武汉市东湖新技术开发区华工科技园　　邮编:430223
录　　排:武汉三月禾文化传播有限公司
印　　刷:武汉科源印刷设计有限公司
开　　本:787mm×1092mm　1/16
印　　张:13.75
字　　数:345千字
版　　次:2024年7月第1版第6次印刷
定　　价:45.00元

本书若有印装质量问题,请向出版社营销中心调换
全国免费服务热线:400-6679-118　　竭诚为您服务
版权所有　侵权必究

前言

本书按照高职高专教育方法及特点编写，结合工程设计经验及制图标准，从 AutoCAD 命令的定义、激活方式、基本操作步骤、例题分析到处理工程实例（道路工程图、桥涵工程图、市政给排水管道工程图的绘制方法及技巧），在内容安排上循序渐进，详解命令执行中的相关选项、操作中的注意事项，使读者能扎实掌握各种绘图命令及技巧，从而相对较快地从入门到学以致用。

全书分为 13 个学习情境，包括三部分，第一部分（学习情境 1、学习情境 2）为 AutoCAD 功能、启动方式、界面组成及图形文件的基本操作、绘图前的准备工作等；第二部分（学习情境 3~学习情境 10）为相关命令的功能与操作介绍，包括基本二维图形的绘制、二维图形的编辑与修改、精确绘图辅助工具、多段线和多线的绘制与编辑、图案填充、块的创建与编辑、对象的特性与图层设置管理、设计中心、尺寸标注、文字的创建与表格、布局与打印；第三部分（学习情境 11~学习情境 13）讲述道路工程图、桥涵工程图、市政给排水管道工程图的绘制步骤及技巧。本书将基本理论与工程应用紧密结合起来，强化综合实践操作技能，可供高职高专路桥、市政等相关专业学生作为教材使用，也可供从事土木工程类设计的人员及 AutoCAD 爱好者使用。

本书由内蒙古建筑职业技术学院方菲菲任主编，由内蒙古建筑职业技术学院魏爱武、张雅静、弓永利任副主编，内蒙古建筑职业技术学院武冬梅参与编写。

为了方便教学，本书还配有电子课件等教学资源包，任课教师可以发邮件至 husttujian@163.com 索取。

限于编者的水平和经验，书中还有不足和需完善之处，欢迎读者提出宝贵意见。

编者

2022 年 11 月

目录

学习情境 1　AutoCAD 概述 ··· (1)
　　任务 1　AutoCAD 的功能 ··· (1)
　　任务 2　启动 AutoCAD 2010 ·· (2)
　　任务 3　AutoCAD 2010 界面的组成 ··· (2)
　　任务 4　图形文件的基本操作 ·· (8)
　　任务 5　帮助系统 ··· (13)

学习情境 2　绘图前的准备工作 ··· (15)
　　任务 1　绘图环境设置 ·· (15)
　　任务 2　命令的基本操作方式 ··· (23)
　　任务 3　视图操作 ··· (25)
　　任务 4　AutoCAD 坐标系统与坐标输入方式 ······························· (27)

学习情境 3　基本二维图形的绘制 ·· (30)
　　任务 1　直线 ·· (30)
　　任务 2　射线 ·· (32)
　　任务 3　构造线 ·· (32)
　　任务 4　圆 ··· (34)
　　任务 5　圆弧 ·· (35)
　　任务 6　圆环 ·· (37)
　　任务 7　椭圆 ·· (37)
　　任务 8　椭圆弧 ·· (40)
　　任务 9　矩形 ·· (41)
　　任务 10　正多边形 ·· (42)
　　任务 11　点 ·· (43)

学习情境 4　二维图形的编辑与修改 ·· (47)
　　任务 1　选择对象 ··· (47)

  任务2 常用编辑修改命令 ………………………………………………………… (50)
  任务3 夹点的使用 ……………………………………………………………… (69)
学习情境5 精确绘图辅助工具 ………………………………………………………… (72)
  任务1 栅格与捕捉 ……………………………………………………………… (72)
  任务2 正交模式 ………………………………………………………………… (74)
  任务3 对象捕捉 ………………………………………………………………… (74)
  任务4 自动追踪 ………………………………………………………………… (75)
  任务5 动态输入 ………………………………………………………………… (78)
  任务6 查询对象 ………………………………………………………………… (79)
学习情境6 复杂图形的创建 …………………………………………………………… (84)
  任务1 多段线绘制与编辑 ……………………………………………………… (84)
  任务2 多线绘制与编辑 ………………………………………………………… (86)
  任务3 图案填充 ………………………………………………………………… (91)
  任务4 块 ………………………………………………………………………… (97)
学习情境7 对象特性及图层设置与管理 ……………………………………………… (106)
  任务1 设置颜色 ………………………………………………………………… (106)
  任务2 设置线型 ………………………………………………………………… (107)
  任务3 设置线宽 ………………………………………………………………… (108)
  任务4 编辑对象属性 …………………………………………………………… (109)
  任务5 图层的创建与控制 ……………………………………………………… (112)
  任务6 设计中心 ………………………………………………………………… (114)
学习情境8 尺寸标注 …………………………………………………………………… (117)
  任务1 尺寸标注组成 …………………………………………………………… (117)
  任务2 尺寸标注样式 …………………………………………………………… (118)
  任务3 尺寸标注类型 …………………………………………………………… (124)
  任务4 编辑尺寸标注 …………………………………………………………… (135)
学习情境9 文字的创建与表格 ………………………………………………………… (138)
  任务1 设置文字样式 …………………………………………………………… (138)
  任务2 单行文字创建 …………………………………………………………… (141)
  任务3 多行文字创建 …………………………………………………………… (143)
  任务4 编辑文字 ………………………………………………………………… (145)
  任务5 设置表格样式 …………………………………………………………… (146)

任务 6　创建表格 ··· (148)
　　任务 7　编辑表格 ··· (149)
学习情境 10　布局与打印 ··· (151)
　　任务 1　模型空间与图纸空间 ··· (151)
　　任务 2　创建布局 ··· (152)
　　任务 3　浮动视口 ··· (154)
　　任务 4　打印样式 ··· (155)
　　任务 5　模型空间打印 ·· (159)
　　任务 6　布局打印 ··· (163)
学习情境 11　道路工程图的绘制 ··· (165)
　　任务 1　路线平面图 ··· (165)
　　任务 2　路线纵断面图 ·· (170)
　　任务 3　路面结构图 ··· (180)
学习情境 12　桥涵工程图的绘制 ··· (188)
　　任务 1　桥梁工程图 ··· (188)
　　任务 2　涵洞工程图 ··· (194)
学习情境 13　市政给排水管道工程图的绘制 ······································ (200)
　　任务 1　给水管道平面图 ·· (200)
　　任务 2　给水管道纵断面图 ··· (202)
参考文献 ··· (210)

学习情境 1

AutoCAD 概述

任务 1　AutoCAD 的功能

　　CAD 是 computer aided design 的首字母缩写,即计算机辅助设计,它集计算机强有力的计算功能、高效率的图形处理能力和先进的产品设计理论与方法为一体,最大限度地实现设计工作中的"自动化"。市政与路桥工程 CAD 涉及道路路线、路基工程、路面工程、道路排水系统及防护工程、桥涵工程、交通设施、市政给排水等制图领域。

AutoCAD 具有的主要功能：
（1）交互式的绘图及图形编辑功能。
（2）工程信息的存储、管理与输出。
（3）图形计算与分析。
（4）二次开发功能。

任务 2 启动 AutoCAD 2010

1. 通过"开始"菜单启动

将 AutoCAD 2010 成功安装到计算机后，就可以使用"开始"菜单启动该软件，方法是单击"开始"→"所有程序"→"Autodesk"→"AutoCAD 2010-Simplified Chinese"→"AutoCAD 2010"，即可进入 AutoCAD 2010 的界面。

2. 通过桌面快捷方式图标启动

AutoCAD 2010 安装完成后，系统会自动在计算机桌面上添加一个快捷方式图标，双击该图标可快速启动 AutoCAD 2010；或在图标上单击鼠标右键，在弹出的快捷菜单中选择"打开"命令，也可启动 AutoCAD 2010。

3. 通过打开已有图形文件启动

双击扩展名为".dwg"的 AutoCAD 图形文件，可启动 DWG 类型文件所关联的"auto.exe"程序，并同时打开该图形文件。

任务 3 AutoCAD 2010 界面的组成

启动 AutoCAD 2010 的操作界面，默认工作空间为"二维草图与注释"，其界面主要由菜单浏览器按钮、快速访问工具栏、功能区选项卡、功能区面板、命令行提示窗口、状态栏等组成，如图 1-1 所示。

AutoCAD 提供了"二维草图与注释""三维建模"和"AutoCAD 经典"工作空间模式，用户可以通过在状态栏中单击图 1-2 所示的下拉菜单，选择相应工作空间。本书主要使用"二维草图与注释"工作空间。

在"AutoCAD 经典"工作空间中，界面的组成还包括绘图、修改、标准、对象特性、样式等工具栏，如图 1-3 所示。

学习情境1 AutoCAD概述

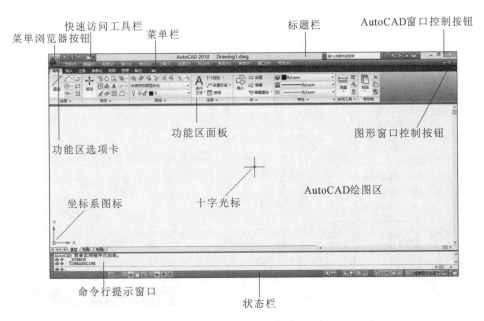

图1-1 "二维草图与注释"工作空间

图1-2 在状态栏中切换工作空间

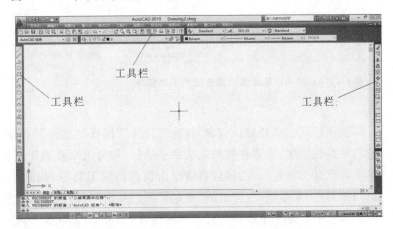

图1-3 "AutoCAD 经典"工作空间

一、菜单浏览器按钮

单击左上角的菜单浏览器按钮,弹出图1-4所示的菜单项。菜单项包括新建、打开、另存为、输出等。

二、标题栏

AutoCAD标题栏位于窗口的顶端,显示程序名AutoCAD 2010和当前图形名称Drawing1.dwg,左侧放置了快速访问工具栏(如图1-5所示),右侧有信息中心(如图1-6所示),以及窗口的最大化、最小化和关闭3个控制按钮。在光标位于标题栏时,单击鼠标右键将弹出一个下拉菜单,可选择最小化或最大化窗口、还原窗口、关闭 AutoCAD 等操作。另外,双击标题栏可使窗口还原与最大化。

图 1-4　AutoCAD 菜单浏览器按钮的下拉菜单

图 1-5　快速访问工具栏

图 1-6　信息中心

快速访问工具栏默认包含"新建""打开""保存""放弃""重做"等图标按钮,用户可以对快速访问工具栏添加、删除和重新定义命令按钮,与自定义普通工具栏的方法类似(参见本书学习情境 2 自定义工具栏)。用鼠标右键单击快速访问工具栏,此时弹出快捷菜单,选择"自定义快速访问工具栏"菜单项,在弹出的"自定义用户界面"对话框中设置快速访问工具栏,如图 1-7 所示。

信息中心提供了多种信息来源的搜索,如帮助、新功能专题研习等。单击"通讯中心"按钮,可以获取最新的软件更新和其他服务的链接等。单击"收藏夹"按钮,可以保存一些重要的信息。在文本框中输入需要帮助的问题,然后单击"搜索"按钮,即可获取相关的帮助。

三、菜单栏

在"AutoCAD 经典"工作空间中,菜单栏位于标题栏下方,是执行各种绘图操作的命令集合。菜单项的作用如下:

(1) 文件:用于管理图形文件,如新建、打开、保存、打印等。
(2) 编辑:用于文件常规编辑,如复制、剪切、粘贴等。
(3) 视图:用于管理 AutoCAD 的操作界面,如全图形缩放、图形平移等,用户还可以通过此菜单设置工具栏菜单。
(4) 插入:用于在当前 AutoCAD 绘图状态下,插入图块或其他格式的文件。
(5) 格式:用于设置图层、颜色、线型、文字、标注等的样式。

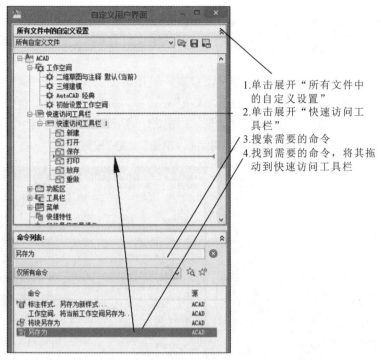

图 1-7 自定义快速访问工具栏

(6) 工具：为用户设置快速选择、查询等辅助绘图工具。

(7) 绘图：提供绘制二维或三维图形时所需的命令。

(8) 标注：提供对所绘制的图形进行尺寸标注时所需的命令。

(9) 修改：提供对所绘制的图形进行编辑时所需的命令。

(10) 参数：创建图形的参数化约束。

(11) 窗口：在多文档状态时布置各文档在屏幕上的显示方式。

(12) 帮助：用于提供用户在使用 AutoCAD 时所需的帮助信息。

菜单选项后有"…"表示选定该项后有对话框出现；有▶表示该菜单还有子菜单；无标记的表示该菜单可直接打开。

四、功能区

功能区由许多面板组成，每块面板包含若干工具和控件。在"二维草图与注释"工作空间，功能区默认包括"常用""插入""注释""参数化""视图""管理""输出""插件""联机"等选项卡，每个选项卡又包含多个面板。在面板标题中，若带有黑三角"▼"符号，表示该面板可以展开，当单击该符号时，面板展开折叠区域，光标离开则自动收起。若单击展开区域的标题栏上的图钉按钮，则整个面板不再收起。

在功能区选项卡或面板上，单击鼠标右键，弹出快捷菜单，可以对功能区中的选项卡及其中的面板进行显示或隐藏。用户也可以增加和删除功能区中的选项卡和选项卡中的面板，如图1-8所示。

五、绘图区

绘图区是用户绘图的工作区域，又叫模型空间。绘图区的背景和线条颜色可以修改。步骤是：单击菜单浏览器按钮，选择"选项"，打开"选项"对话框，如图1-9所示。单击"显示"选项卡，单击"颜色"按钮，打开"图形窗口颜色"对话框，如图1-10所示，在下拉列表中选择需要的颜色，再单击"应用并关闭"按钮。返回到"选项"对话框，单击"确定"按钮。

图1-8　功能区选项卡和面板的显示

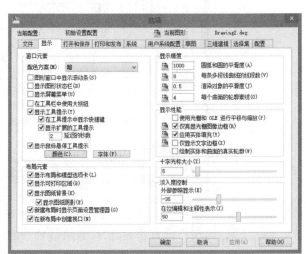

图1-9　"选项"对话框

六、坐标系图标

坐标系图标位于绘图区的左下角，它主要用于显示当前使用的坐标系以及坐标方向等。在不同的视图模式下，该坐标系所指的方向也不同。

用户可以根据自己的需要将坐标系图标打开或关闭，其操作步骤：选择"视图"→"坐标"面板→"显示UCS图标"或"隐藏UCS图标"，可在显示或隐藏坐标系之间转换。

还可以更改坐标系图标的样式和大小，其操作步骤：选择"视图"→"坐标"面板→"UCS图标特性"，打开"UCS图标"对话框，在"UCS图标样式"栏中，可改变图标样式；在"UCS图标大小"栏中，拖动滑块可以改变图标大小，如图1-11所示。

七、命令行提示窗口

命令行提示窗口是输入命令和显示命令提示的区域，是用户与AutoCAD对话的平台。命令提示行默认为三行，可用鼠标拖拉命令行提示窗口使其扩大或缩小。使用键盘组合键【Ctrl+9】可以使命令行隐藏，这时使用动态输入功能输入命令。如需查看更多命令，使用键盘键【F2】可打开命令行文本窗口，查阅和复制命令的历史记录及列表显示的对象特征，如图1-12所示。

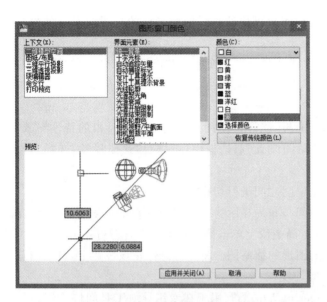

图 1-10 "图形窗口颜色"对话框

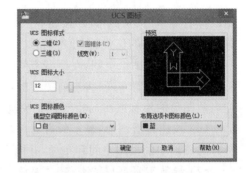

图 1-11 "UCS 图标"对话框

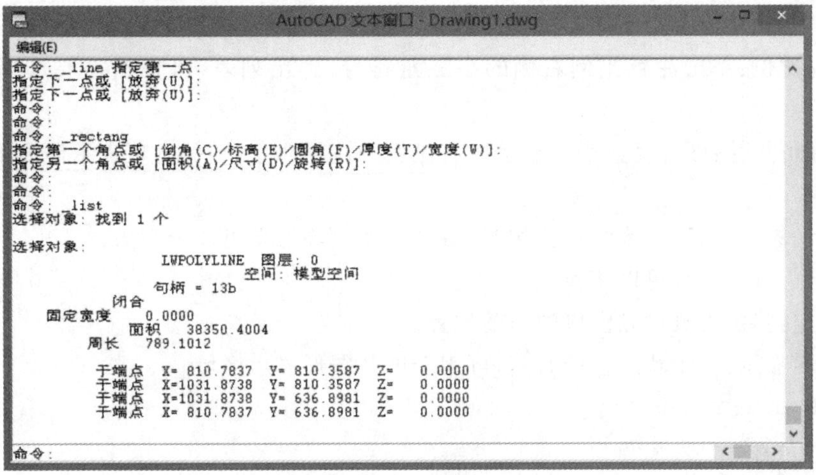

图 1-12 命令行文本窗口

八、状态栏

状态栏位于 AutoCAD 窗口的底部，显示光标的坐标值、精确绘图辅助工具、导航工具以及用于快速查看和注释的工具，如图 1-13 所示。

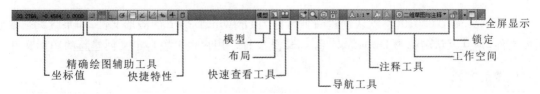

图 1-13 状态栏

（1）坐标值：显示光标当前 X，Y，Z 坐标值，用户可快速查看当前光标的位置及对应的坐标值，移动鼠标光标，坐标值也随着变化。

（2）精确绘图辅助工具：包括"捕捉模式""栅格显示""正交模式""极轴追踪""对象捕捉""对象捕捉追踪""允许/禁止动态 UCS""动态输入""显示/隐藏线宽"。其功能在后面章节中详细介绍。

（3）快捷特性：可以显示对象的快捷特性面板，能够帮助用户快捷地编辑对象的特性参数。用鼠标右键单击"快捷特性"按钮，在弹出的"草图设置"对话框中，可以对"快捷特性"选项卡设置快捷特性面板的位置、大小等特性。

（4）模型或图纸空间：在模型空间与图纸空间之间进行切换。

（5）快速查看布局：将当前图形的模型空间与布局显示为一行快速查看布局图像，浏览和操控当前图形的模型或布局特征。在快速查看布局图像上单击鼠标右键可以查看可用的选项。

（6）快速查看图形：显示所有当前打开的图形的缩略图。将光标悬停在该按钮上，可以浏览打开的图形中的模型空间和布局，并能在其间切换。

（7）导航工具：包括"平移"、"缩放"、"SteeringWheels"（用于在专用导航工具间快速切换的控制盘集合）、"ShowMotion"（为创建和回放电影式相机动画提供屏幕显示，以便进行设计查看、演示和书签样式导航）。

（8）注释比例：单击注释比例右侧的小三角符号，弹出列表，可根据需要选择适当的注释比例。

（9）注释可见性：图标亮显表示显示所有比例的注释对象；图标变暗表示仅显示当前比例的注释对象。

（10）自动添加注释：更改注释比例时，自动将比例添加至可注释对象。

（11）工作空间：用户可以切换工作空间。

（12）锁定：锁定工具栏和窗口的当前位置。

（13）全屏显示：位于状态栏最右侧，可用于展开图形显示区域。

任务 4　图形文件的基本操作

一、新建图形文件

启动 AutoCAD 2010，将默认创建一个名称为 Drawing1.dwg 的图形文件，如果继续创建新图形文件，则其默认名称为 Drawing2.dwg，以此类推。用户也可自定义创建新的图形文件。

1. 激活方式

（1）菜单浏览器按钮："新建"→"图形"。

(2)菜单栏:"文件"→"新建"。

(3)快速访问工具栏:单击新建 图标。

(4)工具栏:单击"标准"工具栏上的新建 图标。

(5)命令行:输入"NEW"。

2. 步骤

执行以上任意操作后,打开"选择样板"对话框,如图1-14所示。

图1-14 "选择样板"对话框

在该对话框中,可以选择一个样板来创建新的图形。如绘制道路图形常用的样板为acad和acadiso。当选择了一个样板后,单击"打开"按钮,系统将打开一个基于该样板的新文件。

在创建样板时,用户可以不选择任何样板,从空白开始创建,即单击"打开"按钮右侧的下拉"▼"符号,在展开的下拉列表中选择"无样板打开-英制"选项,以英制单位为计量标准绘制图形;或选择"无样板打开-公制"选项,以公制单位为计量标准绘制图形。

二、打开图形文件

1. 激活方式

(1)菜单浏览器按钮:"打开"→"图形"。

(2)菜单栏:"文件"→"打开"。

(3)快速访问工具栏:单击打开 图标。

(4)工具栏:单击"标准"工具栏上的打开 图标。

(5)命令行:输入"OPEN"。

2. 步骤

执行以上任意操作后,打开"选择文件"对话框,如图1-15所示。

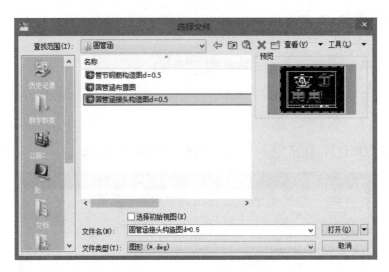

图 1-15 "选择文件"对话框

在该对话框中单击"打开"按钮右侧的下拉"▼"符号,将显示以下四种打开方式。

(1) 打开。直接打开图形文件是最常用的打开方式,即在打开的"选择文件"对话框中双击要打开的文件,或先选择图形文件,然后单击"打开"按钮。

(2) 以只读方式打开。该打开方式表明文件将以只读的方式打开,可进行编辑操作,但编辑后不能直接以原文件名存盘,而要以其他名称存盘。

(3) 局部打开。有选择地打开部分需要使用的图层,适用于非常大的图形文件,用这种打开方式可以加快打开文件的速度。

(4) 以只读方式局部打开。以只读方式局部打开当前图形,该方式与局部打开文件一样需要选择图层,并且可对当前图形进行编辑操作,但无法以原文件名进行保存,而要另存为其他名称的图形文件。

三、保存图形文件

由于各单位使用的 AutoCAD 软件版本不同,高版本的可以打开低版本的图形文件,而低版本的不能打开高版本的图形文件。为了使各版本下绘制的图形能兼容使用,建议在保存文件前将所绘制图形设置为低版本图形保存。方法是:选择菜单浏览器按钮→"选项",弹出"选项"对话框,如图 1-16 所示,在"打开和保存"选项卡中的"文件保存"栏目中,选择另存为图形的较低版本,单击"确定"按钮,设置完成。

(一) 保存新图形文件

1. 激活方式

(1) 菜单浏览器按钮:"保存"。

(2) 菜单栏:"文件"→"保存"。

(3) 快速访问工具栏:单击图标 。

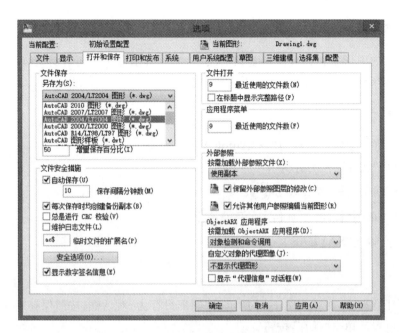

图1-16 "选项"对话框(设置文件保存)

（4）工具栏：单击"标准"工具栏上的图标■。

（5）命令行：输入"SAVE"。

2. 步骤

保存新文件，即对没有保存过的文件执行以上任意操作时，将打开图1-17所示的"图形另存为"对话框，在"保存于"下拉列表中选择保存路径，在"文件名"中输入图形名称，单击"保存"按钮，图形以该文件名保存在此位置。如果该图形文件为命名过的已保存的图形文件，则执行保存命令后会以原有名称及路径直接保存。

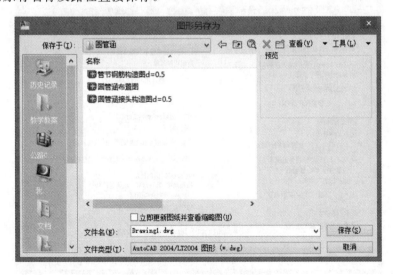

图1-17 "图形另存为"对话框

（二）另存为其他图形文件

当需要保存的图形是在原有图形基础上改动，而原有图形文件还需要继续使用且不希望被覆盖时，使用"另存为"命令。

1. 激活方式

（1）菜单浏览器按钮："另存为"→"AutoCAD 图形"。

（2）菜单栏："文件"→"另存为"。

（3）快速访问工具栏：单击图标 。

（4）工具栏：单击"标注"工具栏上的图标 。

（5）命令行：输入"SAVEAS"。

2. 步骤

执行以上任意操作，将弹出图 1-17 所示的"图形另存为"对话框，按照保存新文件的方法，指定文件名称和位置后单击"保存"按钮。

（三）设置自动保存间隔时间

常规保存方法要注意在操作过程中及时保存，如果中途忘记保存，或因发生意外情况导致文件丢失，会给整个设计工作带来不必要的麻烦，因此应采用设定间隔时间的方法让计算机自动保存图形文件。操作方法：选择菜单浏览器按钮→"选项"命令，弹出"选项"对话框，如图 1-18 所示，在"打开和保存"选项卡的"文件安全措施"中设置自动保存的间隔时间。定时保存的间隔时间不应设置得过短，不然会影响软件正常使用；也不应过长，一般在 8 分钟左右比较适宜。

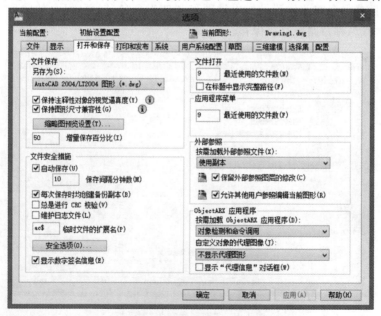

图 1-18 "选项"对话框（设置文件安全措施）

四、关闭图形文件

1. 激活方式

(1) 菜单浏览器按钮:"关闭"→"当前图形"/"所有图形"。
(2) 单击绘图区最右侧的"关闭"按钮 ✖。
(3) 菜单栏:"文件"→"关闭"。
(4) 单击菜单栏最右侧的"关闭"按钮 ✖。
(5) 命令行:输入"CLOSE"。
(6) 键盘组合键【Ctrl+F4】。

2. 说明

上述命令用于关闭所打开的 AutoCAD 图形文件,但并不结束绘图工作。

五、退出

1. 激活方式

(1) 菜单浏览器按钮:"退出 AutoCAD"。
(2) 菜单栏:"文件"→"退出"。
(3) 单击 AutoCAD 操作界面右上角的"关闭"按钮 ✖。
(4) 命令行:输入"QUIT"或"EXIT"。

2. 说明

上述命令用于退出 AutoCAD,结束绘图工作。

任务 5 帮助系统

AutoCAD 中文版提供了详细的中文在线帮助,能为我们在今后的学习和使用中提供有效的帮助。

绘图中可随时按下功能键【F1】激活在线帮助,如图 1-19 所示。在命令行空闲时,输入命令"HELP"或"?",或者单击标题栏右侧的"帮助"下拉菜单也可打开帮助信息窗口。激活在线帮助系统的方法虽然可以方便、快捷地启动帮助界面,但是不能定位问题所在,对于某一个具体命令,还要通过"目录""索引"和"搜索"手动定位到该命令的解释处。

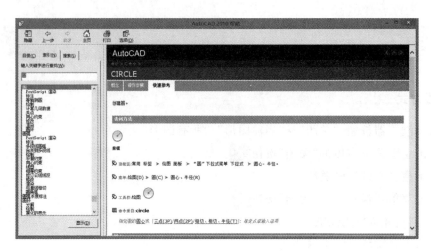

图 1-19 "AutoCAD 2010 帮助"对话框

此外,可以使用工具提示,当光标悬停在工具栏、面板按钮或菜单项上时,在光标旁会显示说明信息,帮助用户了解命令的更多信息,如图 1-20 所示。

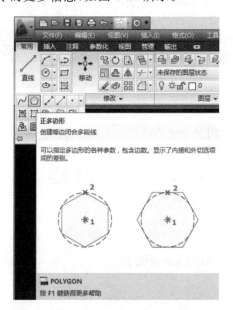

图 1-20 悬停工具提示功能

1. AutoCAD 界面主要由哪几部分组成?
2. 自定义快速访问工具栏的步骤是什么?
3. 图形文件保存和另存为的区别是什么?

学习情境 2 绘图前的准备工作

任务 1 绘图环境设置

要绘制出符合标准的工程图样,应学会设置所需要的绘图环境。本节将介绍工程绘图的基本设置,如绘图单位、图形界限、鼠标右键功能设置、光标、拾取点设置、视图操作、AutoCAD 坐标系统与坐标输入方式等。如果我们设置了合适的绘图环境,就可以加快绘图的速度和提高精度,减少大量的调整和修改工作,有利于统一图形的格式和管理。

一、绘图单位设置

功能：单位（UNITS）命令是用来设置图形单位的，它可以确定绘图的长度和角度单位。

1. 激活方式

（1）命令行：UNITS。
（2）菜单栏："格式"→"单位"。

图 2-1 "图形单位"对话框

2. 步骤

执行以上任意一种操作后，将弹出图 2-1 所示的"图形单位"对话框，利用该对话框可以设置图形的单位。

该对话框包括长度、角度、插入时的缩放单位和输出样例等选区，另外还有四个按钮。

1）长度区

设定当前的长度单位的类型和精度。各选项的含义如下：

（1）类型：单击类型的下拉列表按钮，可以选择长度单位的类型。

（2）精度：单击精度的下拉列表按钮，可以选择长度的精度，也可以直接输入。

2）角度区

设定当前的角度单位的类型和精度。各选项的含义如下：

（1）类型：单击类型的下拉列表按钮，可以选择角度单位的类型。

（2）精度：单击精度的下拉列表按钮，可以选择角度的精度，也可以直接输入。

（3）顺时针：控制角度的正负方向。选中该复选框时，顺时针为正，反之为负。

3）插入时的缩放单位区

控制使用工具选项板拖入当前图形块的测量单位。如果块或图形创建时使用的单位与该选项指定的单位不同，则在插入这些块或图形时，将对其按比例缩放。

4）输出样例区

显示以上设置的长度和角度单位的样式例子。

方向按钮：单击此按钮后，屏幕弹出图 2-2 所示的"方向控制"对话框。该对话框的作用是控制基准角度，基准角度决定在 AutoCAD 中的起始方向角。

图 2-2 "方向控制"对话框

说明:"方向控制"对话框除了指定东、南、西、北为基准角度方向以外,还可以单击"其他"单选框,此时"拾取/输入"角度项有效,用户可以输入任一角度值,或者单击"角度"左侧的按钮进入绘图界面,然后选取某一方向作为基准角度方向。

二、图形界限

图形界限(LIMITS)命令用于控制绘图的范围,相当于我们手工绘图所用图纸的大小。设定合适的界限,有利于控制图形绘制的大小、比例、图形之间的距离,避免图形超界。

1. 激活方式

(1) 命令行:LIMITS。
(2) 菜单栏:"格式"→"图形界限"。

2. 步骤

执行以上任意一种操作时,命令行提示及操作如下:

```
命令:limits
重新设置模型空间界限:
指定左下角点或[开(ON)/关(OFF)]<0.0000,0.0000>:
指定右上角点<420.0000,297.0000>:
```

3. 选项说明

(1) 指定左下角点:输入图形界限的左下角点。
(2) 指定右上角点:输入图形界限的右上角点。
(3) 开(ON):设置的图形界限有效。
(4) 关(OFF):设置的图形界限无效,使所绘制的图形不受图形界限的限制。

AutoCAD 的默认方式是关(OFF),所以用户尽管定义了图形界限,但是也可以在界限外绘图。只有在开(ON)方式下,绘图操作才被真正限制在图形界限内。

4. 例题

设置绘图范围为宽450,高310,并用栅格显示该图形界限。具体操作如下:

```
命令:limits↙
重新设置模型空间界限:
指定左下角点或[开(ON)/关(OFF)]<0.0000,0.0000>:0,0↙
指定右上角点<594.0000,450.0000>:450,310↙
```

然后立即执行 ZOOM→A 命令使整个图形界限显示在屏幕上,再按功能键【F7】打开栅格显示,结果如图 2-3 所示。

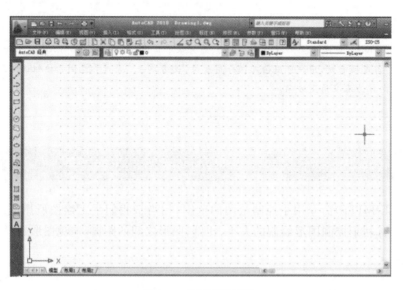

图 2-3　设置图形界限

三、鼠标右键功能设置

在 AutoCAD 用户界面内单击鼠标右键,一般会弹出快捷菜单,菜单的选项与光标位置及命令执行情况有关。下面我们介绍如何制定鼠标右键的功能。

1. 步骤

(1) 打开 AutoCAD 绘图软件,选择菜单浏览器按钮→"选项",打开"选项"对话框,单击"用户系统配置"选项卡,如图 2-4 所示,然后单击其中的"自定义右键单击"按钮,打开"自定义右键单击"对话框,如图 2-5 所示。

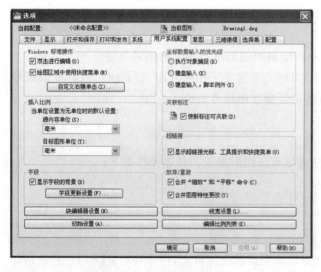

图 2-4　"用户系统配置"选项卡

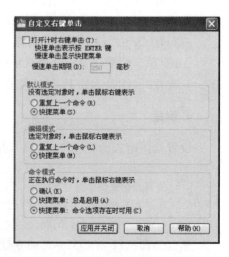

图 2-5　"自定义右键单击"对话框

（2）在"自定义右键单击"对话框中可分别设定在默认模式、编辑模式及命令模式时右键的功能，用户可根据使用习惯选取适当的选项，单击底部的 应用并关闭 按钮，即可应用了。

2. 使用说明

（1）默认模式：如果没有任何实体被选择，单击鼠标右键时重复上一次的命令或出现快捷菜单。

（2）编辑模式：若有实体被选择，单击鼠标右键时重复前一次的命令或显示快捷菜单。

（3）命令模式：在 AutoCAD 执行命令的过程中，单击鼠标右键等于回车或直接弹出快捷菜单，也可设定仅在出现命令选项时才弹出快捷菜单。

四、光标、拾取点设置

1. 光标设置

在 AutoCAD 绘图窗口打开以后，用鼠标单击菜单浏览器按钮→"选项"，将出现"选项"对话框，在"选项"对话框上用鼠标单击"显示"选项卡进入显示设置窗口，在该窗口右边的"十字光标大小"下面，移动标尺可以调节十字光标的大小，如图 2-6 所示。

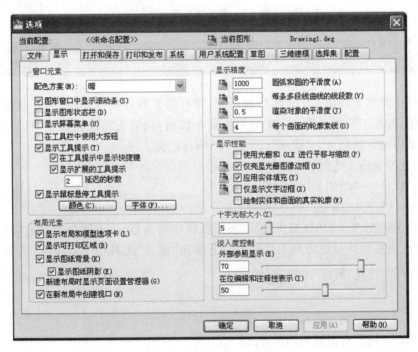

图 2-6　设置十字光标大小

2. 拾取点设置

拾取点就是十字光标中间的方框。可以设置其大小方便查看，方法是：在 AutoCAD 绘图窗口打开以后，用鼠标单击菜单浏览器按钮→"选项"，将出现"选项"对话框，在"选项"对话框上用鼠标单击"选择集"选项卡,在"拾取框大小"栏中,可设置其大小,如图2-7所示。

图2-7 设置拾取框大小

五、自定义工具栏

对一些使用频率不高但又比较实用的命令,用户除了修改快捷键外,还可以在工具栏上自定义命令按钮,即在工具栏上建立一个专用的命令按钮,以省去快捷键命令的记忆。下面举例介绍一个较常用命令按钮——"清理"(PURGE)的自定义。

通常,命令的调用方式如下:

菜单栏:"文件"→"绘图实用程序"→"清理"。

命令行:输入"PURGE"或"PU"。

该命令的按钮在AutoCAD提供的30条工具栏中均未显示,但用户可通过"自定义用户界面"对话框调出该按钮并自定义到工具栏上。下面在"标准"工具栏上自定义"清理"(PURGE)按钮,并将其放置在"剪切"按钮的左侧。

1. 步骤

"自定义用户界面"对话框的调用方式如下:

(1)功能区面板:"管理"选项卡→"自定义设置"→"用户界面"。

(2)菜单栏:"工具"→"自定义"→"界面",如图2-8所示。

执行上述命令后,弹出"自定义用户界面"对话框,如图2-9所示。在"命令列表"栏中,打开"按类别"右侧的下拉菜单,选择"文件",如图2-10所示。拖动右侧的滑块,在列表中找到"清理"命令,如图2-11所示。单击"所有文件中的自定义设置"栏,打开该列表。选中并拖动"清理"命

图 2-8 "工具"→"自定义"→"界面"

令至"所有文件中的自定义设置"栏的"标准"下拉列表中,放置在"剪切"前,如图 2-12 所示。单击对话框底部的 确定(O) 按钮,保存后退回用户界面,完成自定义按钮设置。此时,在"标准"工具栏的"剪切" 按钮左侧已经存在新建的 按钮,单击该按钮即可激活"清理"命令。

图 2-9 "自定义用户界面"对话框

图 2-10　命令列表栏

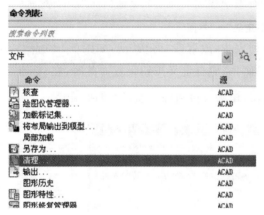

图 2-11　找到"清理"命令

图 2-12　拖动后的"清理"命令

2. 使用说明

（1）使用频率不高但又比较实用的命令，用户可在工具栏上自定义命令按钮。

（2）用户也可以在"自定义用户界面"对话框的"所有文件中的自定义设置"栏中，对现有的命令按钮的位置进行调整，满足个性化使用要求。

（3）也可以新建工具栏。在"自定义用户界面"对话框中选中"工具栏"，然后在右键弹出的菜单中选择"新建工具栏"。新建的工具栏可根据个人喜好定义其名称，如图 2-13 中的"我的工具栏 1"。新建工具栏之后，我们就可以为其添加任何需要的命令了。首先展开系统原有的工具栏，复制需要的功能，再将其粘贴至上一步新建的工具栏中。如将"打印"工具栏中的"打印预览"等三项命令复制到"我的工具栏 1"中，如图 2-13 所示。以此类推，可以加入更多的功能及命令，形成个性化的工具栏。单击"自定义用户界面"对话框中的 确定(O) 按钮，保存并退出设置。返回 AutoCAD 操作界面后，调用刚刚新建的工具栏，完成 AutoCAD 界面的自定义设置。

学习情境2
绘图前的准备工作

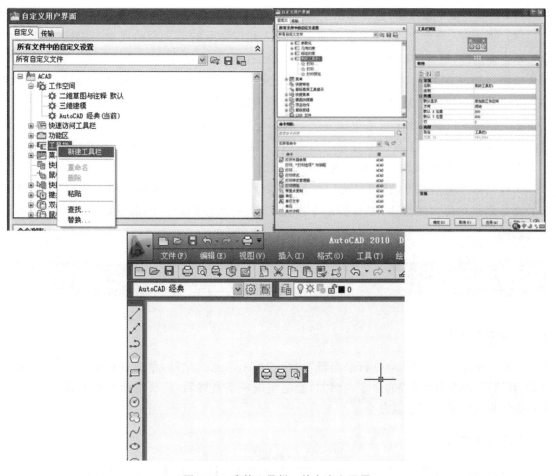

图 2-13 我的工具栏 1 的自定义设置

任务 2 命令的基本操作方式

一、命令的激活方式

当命令行出现"命令:"提示信息时,系统处于接受命令状态。此时,可以输入命令进行相关操作。命令常用输入方式有 4 种:功能区面板法、下拉菜单法、工具栏命令按钮法和键盘输入命令法。具体操作如下:

(1) 功能区面板法:直接单击面板上的图标按钮调用相应命令。

(2) 下拉菜单法:通过单击菜单名称显示下拉菜单,选择相应命令按钮后启动命令的方法。

（3）工具栏命令按钮法：通过单击工具栏命令按钮启动相应命令的方法。

（4）键盘输入命令法：通过键盘在命令行输入相应命令的英文全称或命令快捷键（简写字母），单击确定键（键盘回车键或空格键或单击鼠标右键）后启动命令的方法。为了提高命令的输入速度，AutoCAD给一些命令规定了命令快捷键，如直线（LINE）的命令快捷键为 L，移动（MOVE）的命令快捷键为 M。输入这些命令快捷键即相当于输入了命令的英文全称。

工具栏命令按钮法比下拉菜单法方便、快捷，它省去了从下拉菜单中再次单击选择命令按钮的操作步骤。当某一工具栏上有相应命令时，只需要调用该工具栏即可；若系统提供的工具栏不存在该命令按钮，则需自定义工具栏命令按钮。

为提高命令激活速度，建议对常用的绘图和修改等命令以键盘输入命令法启动；对非常用的命令则以功能区面板法、工具栏命令按钮法启动；对使用较少的命令则可以采用下拉菜单法启动。

二、命令的重复、中断、撤销、重做

1. 命令的重复

完成一个命令操作后，命令行会出现"命令："提示信息。此时，单击鼠标右键、回车键或空格键，均可重新启动刚完成的命令。例如，绘制完成一条直线后，若要继续绘制直线，则可通过上述方法再次启动直线绘制命令。

2. 命令的中断

命令执行的过程中，用户可随时按键盘左上角的【Esc】键终止该命令的执行。

3. 命令的撤销

完成一个命令操作后，若要放弃该命令的执行效果，可通过单击"标准"工具栏中的"放弃"按钮 。若要一次撤销多个命令执行效果，可单击"撤销"按钮图标右侧的倒三角符号，从下拉菜单中选择相应的多个操作，单击确认即可。也可以在命令行中输入 UNDO 或 U 执行命令的撤销并按确定键。另外，组合键【Ctrl＋Z】亦能实现命令的撤销。

4. 命令的重做

用于恢复上一个用"撤销"（UNDO 或 U）命令撤销的效果。该命令必须紧跟在撤销命令之后才能执行。"标准"工具栏中"重做"按钮为 ，命令全称为"REDO"，操作方法与"命令的撤销"类似。组合键【Ctrl＋Y】亦能实现恢复最后一次撤销的操作。

任务 3 视图操作

一、视图缩放

绘图时,经常需要改变图形的显示比例,如放大图形或缩小图形。可以用鼠标中键直接进行缩放,也可以在菜单中调用相应命令。

1. 激活方式

(1) 功能区面板:"视图"选项卡→"导航"→选择相应缩放项目。
(2) 菜单栏:"视图"→"缩放"→选择相应缩放项目。
(3) 命令行:输入"ZOOM"(透明命令)。
(4) 工具栏:当鼠标右键单击任意工具栏后,选择缩放工具栏,出现包含9种缩放工具按钮的工具栏,如图 2-14 所示。

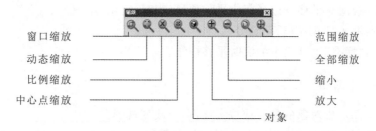

图 2-14 缩放工具栏

2. 选项说明

(1) 实时缩放(R):在此提示后直接回车,进入实时缩放状态。此时按住鼠标左键向上或向左为放大图形显示,按住鼠标左键向下或向右为缩小图形显示。可以通过单击【Esc】键或回车键来结束实时缩放操作,或者右击鼠标,选择快捷菜单中的【退出】项也可以结束当前的实时缩放操作。

(2) 上一步(P):恢复上一次视口内显示的图形,最多可以恢复前十个图形显示。

(3) 窗口缩放(W):缩放由矩形窗口的两角点定义范围内的图形到整个视口范围。

(4) 动态缩放(D):动态显示缩放图形。该选项用一个代表用户视口的动态显示方框来选择显示图形的部分区域。当使用该选项时,屏幕显示一个可平移的观察方框,可以拖动它到适当的位置并单击鼠标左键,此时出现一向右的箭头,左右移动鼠标可以调整观察方框的大小,如果再单击鼠标左键,还可以继续移动观察方框。如果按确定键,在当前视口中将显示观察方框内的部分内容。

(5) 比例缩放(S)：直接输入一个比例因子来实现缩放，比例因子只能是正数。

(6) 中心点缩放(C)：此选项要求输入新视图的中心坐标点，该点为视口中图形显示的中心，然后指定缩放系数和高度。AutoCAD根据给定的缩放系数或欲显示的高度进行缩放。如果不想改变中心点，在中心点的提示后直接回车即可。

(7) 对象：缩放显示对象的范围。

(8) 放大(I)与缩小(O)："放大"即比例缩放中的比例因子为2X，"缩小"即比例缩放中的比例因子为0.5X。

(9) 全部缩放(A)：此选项能让用户在当前视口内看到全图。其范围取决于图形所占范围和绘图界限中较大的一个。

(10) 范围缩放(E)：将图形在当前视口中尽可能大地显示。此选项是根据所绘制图形的区域，而不是按照绘图范围最大限度地显示图形。

二、视图平移

在AutoCAD绘图过程中，可以移动整个图形，使图形的特定部分位于绘图显示区。

1. 激活方式

(1) 功能区面板："视图"选项卡→"平移"。

(2) 菜单栏：视图→平移→选择相应平移项目(实时、定点、左、右、上、下)。

(3) 命令行：输入"PAN"(透明命令)。

(4) 工具栏："标准"工具栏中的实时平移按钮。

2. 操作说明

PAN不改变图形中对象的位置或放大比例，只改变视图。

此外，使用鸟瞰视图可以同时进行实时缩放和平移。该命令在一个独立的窗口中显示整个图形的视图，以便快速定位并移动到某个特定区域。该命令常用激活方式为单击菜单"视图"→"鸟瞰视图"；或命令行输入"DSVIEWER"。该命令激活后，在鸟瞰视图窗口中单击鼠标左键，则在该窗口中显示出一个平移框(即矩形框)，表明当前是平移模式。拖动该平移框，就可实现图形实时移动。当窗口中出现平移框后，单击鼠标左键，平移框左边出现一个小箭头，此时为缩放模式，拖动鼠标，就可以实现图形的实时缩放，同时会改变框的大小。在窗口中再单击鼠标左键，则又切换回平移模式。利用上述方法，可以实现实时平移与实时缩放的切换。

三、重画与重生成

重画命令是清理绘图时的标识点，并且重画那些由于编辑图形而被部分删除的图形，使显示的图形更为清晰。重画一般情况下是自动执行的，是AutoCAD利用最后一次重生成或最后一次的图形数据重新绘制图形，所以速度较快。

重生成命令使 AutoCAD 重新生成全图,并在当前视口或所有视口中显示出来。由于此命令要重新计算图形数据后在屏幕上显示结果,所以执行时间较长。

1. 重画激活方式

(1) 菜单栏:"视图"→"重画"。
(2) 命令行:输入"REDRAW"。

2. 重生成激活方式

(1) 菜单栏:"视图"→"重生成"。
(2) 命令行:输入"REGEN"。

3. 全部重生成激活方式

(1) 菜单栏:"视图"→"全部重生成"。
(2) 命令行:输入"REGENALL"(透明命令)。

4. 操作说明

REDRAW 命令只刷新当前视口,REDRAWALL 命令刷新所有视口。REGEN 命令重新生成当前视口,REGENALL 命令对所有的视口执行重生成。

任务 4 AutoCAD 坐标系统与坐标输入方式

一、世界坐标系(WCS)与用户坐标系(UCS)

AutoCAD 提供了世界坐标系与用户坐标系两种坐标系。世界坐标系又称通用坐标系。AutoCAD 2010 默认的世界坐标系的 X 轴正向水平向右,Y 轴正向垂直向上,Z 轴与屏幕垂直,正向由屏幕向外。

用户坐标系是一种相对坐标系,可任意选取一点为坐标原点,X 轴、Y 轴、Z 轴方向可以移动和旋转。因此,用户可以根据绘图需要建立和调用用户坐标系。

二、坐标值的输入与显示

AutoCAD 图形中各点的位置都是由坐标来确定的。确定点位置的方法常用以下 2 种:
(1) 在绘图区用鼠标直接单击确定。
配合对象捕捉可使捕捉点更精确,对象捕捉的概念详见本书学习情境 5 任务 3。

(2)键盘输入点坐标确定。

键盘输入点坐标是最基本的方法。在坐标系中确定点的位置,用坐标的方式实现主要有直角坐标、极坐标、柱坐标和球坐标等方法。其中直角坐标、极坐标主要用来绘制二维图形,柱坐标和球坐标主要用于绘制三维图形。以上坐标系各有其绝对坐标和相对坐标两种形式。下面介绍直角坐标系、极坐标系、绝对坐标与相对坐标。

1) 直角坐标系

直角坐标系由一个原点[坐标为(0,0)]和两个通过原点的、相互垂直的坐标轴构成。其中:水平方向的坐标轴为 X 轴,以向右为其正方向;垂直方向的坐标轴为 Y 轴,以垂直向上为其正方向。平面上任何一点 P 都可以由 X 轴和 Y 轴的坐标所定义,即用一对坐标值(x,y)来定义一个点。

2) 极坐标系

极坐标系是由一个极点和一个极轴构成的,极轴的方向为水平向右。平面上任何一点 P 都可以由该点到极点的连线长度 L(>0)和连线与极轴的交角 α(极角,逆时针方向为正)所定义,即用一对坐标值(L<α)来定义一个点,其中"<"表示角度。

3) 绝对坐标与相对坐标

(1)绝对直角坐标相对于坐标原点(0,0)来定位所有的点,形式为(x,y)。

(2)相对直角坐标是某一点相对于某一特定点的相对位置。一般情况下,把前一个操作点看作特定点,则后续操作实际是相对于前一点进行的,形式为(@x,y,z)。

(3)绝对极坐标是用相对于极点的距离和角度来定义的。在系统默认状态下,AutoCAD 以水平向右为 0°(或 360°)方向,以逆时针为正进行角度测量。绝对极坐标以原点为极点,形式为(l<α),其中字母 l 表示极长,α 表示角度。

(4)相对极坐标用相对于某一特定点的极长距离和偏移角度来表示。相对极坐标是以前一点为极点,而不是以原点为极点,形式为(@l<α)。

三、例题

用上述坐标表示法绘制图 2-15 所示的三角形。

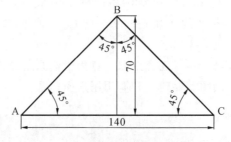

图 2-15 用四种坐标表示法绘制三角形

1. 绝对直角坐标

图形绘制顺序:A→B→C→A。

命令:_line 指定第一点:0,0(输入 A 点绝对直角坐标)
指定下一点或 [放弃(U)]:70,70(输入 B 点绝对直角坐标)
指定下一点或 [放弃(U)]:140,0(输入 C 点绝对直角坐标)
指定下一点或 [闭合(C)/放弃(U)]:0,0(输入 A 点绝对直角坐标)
指定下一点或 [闭合(C)/放弃(U)]:(确定键结束命令)

2. 相对直角坐标

命令:_line 指定第一点:0,0(指定 A 点坐标)
指定下一点或 [放弃(U)]:@70,70(输入 B 点的相对直角坐标)
指定下一点或 [放弃(U)]:@70,-70(输入 C 点的相对直角坐标)
指定下一点或 [闭合(C)/放弃(U)]:@-140,0(输入 A 点的相对直角坐标)
指定下一点或 [闭合(C)/放弃(U)]:(确定键结束命令)

3. 绝对极坐标

命令:_line 指定第一点:0<0(指定 A 点坐标)
指定下一点或 [放弃(U)]:99<45(输入 B 点的绝对极坐标。99 为 AB 边长度,取整)
指定下一点或 [放弃(U)]:140<0(输入 C 点的绝对极坐标)
指定下一点或 [闭合(C)/放弃(U)]:0<0(输入 A 点的绝对极坐标)
指定下一点或 [闭合(C)/放弃(U)]:(确定键结束命令)

4. 相对极坐标

命令:_line 指定第一点:0<0(指定 A 点坐标)
指定下一点或 [放弃(U)]:@99<45(输入 B 点的相对极坐标)
指定下一点或 [放弃(U)]:@99<-45(输入 C 点的相对极坐标)
指定下一点或 [闭合(C)/放弃(U)]:@140<180(输入 A 点的相对极坐标)
指定下一点或 [闭合(C)/放弃(U)]:(确定键结束命令)

1. AutoCAD 命令的激活方式一般有哪几种?
2. 怎样实现命令的重复、中断、撤销和重做?
3. 坐标值的输入通常有哪几种方式?

学习情境 3 基本二维图形的绘制

任务 1 直线

直线命令（LINE）用于绘制直线段，连续绘制成的直线段中每条直线段是可以单独选择的实体。

一、激活方式

(1) 功能区面板："常用"→"绘图"→"直线"。

(2)菜单栏:"绘图"→"直线"。

(3)工具栏:单击"绘图"工具栏上的直线图标 ╱。

(4)命令行:输入"LINE"或"L"。

二、步骤

执行以上任意一种操作后,命令行提示及操作如下:

> 命令:_line 指定第一点:(输入直线段起点坐标,或用鼠标拾取一点为第一点)
> 指定下一点或 [放弃(U)]:(输入直线段的下一点坐标,或用鼠标拾取下一点;输入U则放弃前一步的操作)
> 指定下一点或 [放弃(U)]:(输入直线段的下一点坐标,或用鼠标拾取下一点;输入U则放弃前一步的操作)
> 指定下一点或 [闭合(C)/放弃(U)]:(输入下一直线段的端点坐标,或选择闭合,可以自动连接最后端点与起点,使图形闭合)

三、操作说明

(1)坐标的输入,可以选择直角坐标系或极坐标系。

(2)打开状态栏上的"正交"按钮 ▭ 可以绘制水平、垂直的直线段。

(3)打开状态栏上的"动态输入"按钮 ┽ (此项操作的前提是采用默认初始设置,不做设置上的调整),绘制直线段时是以前一点作为坐标原点来绘制下一点的相对坐标方式,将其关闭后,系统对于第二点或后续的点采用绝对坐标方式绘制。

(4)采用极坐标系时,输入直线长度切换到角度按【Tab】键,则直线长度固定,若切换时采用【Shift+<】键,则长度可在角度输入后再次用鼠标确定。

(5)直线距离输入法可实现更快捷输入坐标的目的,方法是通过移动光标指向和输入自第一点的距离来指定点的位置。用相对坐标的方式确定一个点,用直线距离输入法配合正交、极轴追踪模式(正交、极轴追踪模式参见学习情境5精确绘图辅助工具),绘制指定长度和方向的直线十分有效。

四、例题

绘制图3-1所示的三角形。

> 命令:_line 指定第一点:(拾取右下顶点)
> 指定下一点或 [放弃(U)]:< 正交 开> @-50,0(绘制水平直线时可将正交打开)
> 指定下一点或 [放弃(U)]:< 正交 关> @30<60
> 指定下一点或 [闭合(C)/放弃(U)]:C(选择闭合)

说明:绘制时可将动态输入打开,每次指定下一点坐标时可不输入@,命令行中自动生成@。

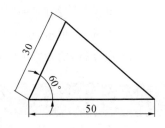

图3-1 绘制三角形练习

任务 2 射线

射线命令(RAY)用于绘制一端固定、一端无限延长的直线。一般作为辅助线。

一、激活方式

(1) 功能区面板："常用"→"绘图"→"射线"。
(2) 菜单栏："绘图"→"射线"。
(3) 工具栏：单击"绘图"工具栏上的图标 ✎。
(4) 命令行：输入"RAY"。

二、步骤

执行以上任意一种操作后，命令行提示及操作如下：

命令：_ray 指定起点：(拾取起点坐标)
指定通过点：(指定通过的点确定方向)
指定通过点：(拾取射线通过的另一点确定方向，或确定键结束命令)

任务 3 构造线

构造线两端无限延伸，是真正意义上的直线，绘图中多作为辅助线。

一、激活方式

(1) 功能区面板："常用"→"绘图"→"构造线"。
(2) 菜单栏："绘图"→"构造线"。
(3) 工具栏：单击"绘图"工具栏上的图标 ✎。
(4) 命令行：输入"XLINE"。

二、步骤

执行以上任意一种操作后，命令行提示及操作如下：

命令:_xline 指定点或 [水平(H)/垂直(V)/角度(A)/二等分(B)/偏移(O)]:(拾取起点坐标)
指定通过点:(拾取通过的点确定方向)
指定通过点:(拾取构造线所要经过的另一点,确定键结束命令)

三、选项说明

执行该命令时各选项含义:
(1) 水平(H):绘制水平构造线。
(2) 垂直(V):绘制垂直构造线。
(3) 角度(A):通过指定角度来创建构造线。
(4) 二等分(B):创建已知角的平分线。
(5) 偏移(O):创建平行于指定基线的构造线。激活该选项后,指定偏移距离,选择基线,然后指明构造线位于基线的哪一侧。

四、例题

绘制直角∟AOB的角平分线及与边OB成30°的构造线,如图3-2所示。

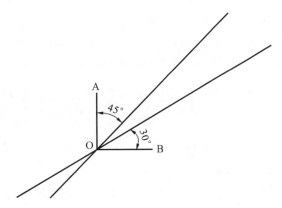

图3-2 构造线练习

(1) 首先用直线命令绘制直角∟AOB,接着用构造线命令绘制角平分线:

命令:_xline 指定点或 [水平(H)/垂直(V)/角度(A)/二等分(B)/偏移(O)]:B(选择二等分选项)
指定角的顶点:(鼠标指定顶点O)
指定角的起点:(鼠标指定B端)
指定角的端点:(鼠标指定A端)
指定角的端点:(确定键结束命令)

(2) 与边OB成30°的构造线:

命令:_xline 指定点或 [水平(H)/垂直(V)/角度(A)/二等分(B)/偏移(O)]:A
输入构造线的角度(0)或 [参照(R)]:30
指定通过点:(鼠标拾取顶点O)
指定通过点:(确定键结束命令)

任务 4 圆

圆命令在绘图中经常用作辅助线。

一、激活方式

(1) 功能区面板:"常用"→"绘图"→"圆"。
(2) 菜单栏:"绘图"→"圆"。
(3) 工具栏:单击"绘图"工具栏上的图标 。
(4) 命令行:输入"CIRCLE"或"C"。

二、步骤

执行以上任一种操作后,命令行提示及操作如下:
命令:_circle 指定圆的圆心或 [三点(3P)/两点(2P)/切点、切点、半径(T)]:(拾取一点作为圆心)
指定圆的半径或 [直径(D)]:(输入半径,确定键结束命令)

三、选项说明

(1) 三点(3P):通过圆周上的三点绘制圆。
(2) 两点(2P):指定直径上两端点绘制圆。
(3) 切点、切点、半径(T):指定和圆相切的两个对象的切点,再以输入半径的方法绘制圆。

四、例题

绘制图 3-3 所示的路线平面图。
命令:_line 指定第一点:42.0975,121.5431
指定下一点或 [放弃(U)]:178.2461,184.5000
指定下一点或 [放弃(U)]:364.0671,110.5368
指定下一点或 [闭合(C)/放弃(U)]:494.5417,184.5393
指定下一点或 [闭合(C)/放弃(U)]:(确定键结束命令)
命令:_circle 指定圆的圆心或 [三点(3P)/两点(2P)/切点、切点、半径(T)]:T
指定对象与圆的第一个切点:(鼠标拾取第一个切点)

指定对象与圆的第二个切点:(鼠标拾取第二个切点)
指定圆的半径:200
命令:CIRCLE 指定圆的圆心或 [三点(3P)/两点(2P)/切点、切点、半径(T)]:T
指定对象与圆的第一个切点:(鼠标拾取第一个切点)
指定对象与圆的第二个切点:(鼠标拾取第二个切点)
指定圆的半径 <200.0000> :120

将圆多余部分修剪得到图 3-3 所示的路线平面图。

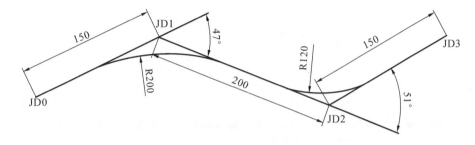

图 3-3 路线平面图

已知路线导线 4 个交角点及偏转角数据如下:

JD0:X=42.0975,Y=121.5431

JD1:X=178.2461,Y=184.5000,α_1=47°,JD0~JD1=150

JD2:X=364.0671,Y=110.5368,α_2=51°,JD1~JD2=200

JD3:X=494.5417,Y=184.5393,JD2~JD3=150

任务 5 圆弧

一、激活方式

（1）功能区面板:"常用"→"绘图"→"圆弧"。

（2）菜单栏:"绘图"→"圆弧"。

（3）工具栏:单击"绘图"工具栏上的图标 。

（4）命令行:输入"ARC"。

二、选项说明

圆弧有很多绘制方法,如图 3-4 所示。

（1）三点:通过指定三点绘制圆弧。

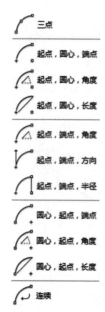

图 3-4 圆弧的绘制方法

(2) 起点、圆心、端点：以起点、圆心及端点的三点绘制圆弧。

(3) 起点、圆心、角度：以起点、圆心和夹角绘制圆弧，起点和圆心之间的距离确定半径。圆弧的另一端通过指定以圆弧圆心为顶点的夹角确定。所生成的圆弧从起点以逆时针绘制。若需要绘制的圆弧从起点以顺时针绘制，则输入负角度值。

(4) 起点、圆心、长度：以指定起点、圆心和弦长绘制圆弧。起点和圆心之间的距离确定半径。圆弧的另一端通过指定圆弧起点和端点之间的弦长确定。绘制的圆弧从起点以逆时针绘制。注意给定的弦长不能超过起点到圆心距离的 2 倍。此外，如果输入的弦长是负值，则该值的绝对值将对应整圆的空缺部分圆弧的弦长。

(5) 起点、端点、角度：以起点、端点以及该两点与圆心连线的夹角绘制圆弧。起点、端点以及该两点与圆心连线的夹角确定圆弧的圆心和半径。生成的圆弧从起点以逆时针绘制，若输入的夹角是负值，则圆弧从起点以顺时针方向绘制。

(6) 起点、端点、方向：以起点、端点和起点切向绘制圆弧。可以通过在所需切线上指定一个点或输入角度指定切向。

(7) 起点、端点、半径：以起点、端点和半径绘制圆弧。圆弧是从起点以逆时针方向绘制。注意在指定半径时，须移动鼠标直至出现圆弧时再输入半径值，否则绘制无效。此外，输入的正半径值对应绘制的圆弧是劣弧，输入的负半径值对应绘制的圆弧是优弧。

(8) 圆心、起点、端点：与"起点、圆心、端点"绘制方法类同，只是指定顺序不同。

(9) 圆心、起点、角度：与"起点、圆心、角度"绘制方法类同，只是指定顺序不同。

(10) 圆心、起点、长度：与"起点、圆心、长度"绘制方法类同，只是指定顺序不同。

(11) 连续：完成绘制直线或其他非封闭曲线后激活该选项，可立即绘制一个与刚才绘制对象的终点相切的圆弧，只需指定新圆弧的端点。此外，若完成绘制圆弧后，启动 LINE 命令通过在"指定第一点"提示下按确定键，可绘制一条一端与该圆弧相切的直线，只需指定线长。

使用不同方法绘制的圆弧如图 3-5 所示。

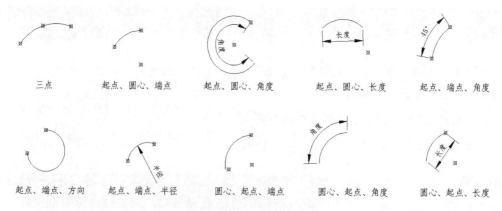

图 3-5 不同方法绘制圆弧

任务 6 圆环

圆环是两个同心圆之间被填充的图形,即带有宽度的闭合多段线。要创建圆环,就要指定它的内外直径和圆心。

一、激活方式

(1) 功能区面板:"常用"→"绘图"→"圆环"。
(2) 菜单栏:"绘图"→"圆环"。
(3) 工具栏:单击"绘图"工具栏上的图标◉。
(4) 命令行:输入"DONUT"。

二、步骤

执行以上任意一种操作后,命令行提示及操作如下:

命令:_donut
指定圆环的内径 <0.5000>:(输入内圆直径)
指定圆环的外径 <1.0000>:(输入外圆直径)
指定圆环的中心点或 <退出>:(指定圆环的中心点)
指定圆环的中心点或 <退出>:(确定键结束命令)

三、操作说明

要创建实体填充圆,将内径值指定为 0。实体填充圆在绘制结构图形钢筋截面时使用较多,如图 3-6 所示。

图 3-6 圆环命令绘制钢筋

任务 7 椭圆

椭圆由定义其长度和宽度的两条轴决定。长轴是通过连接椭圆上的两个点所能获得的最长线段,通过中心点与长轴垂直的轴称为短轴,如图3-7所示。

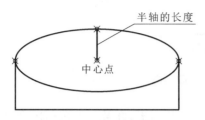

图3-7 椭圆示意图

一、激活方式

(1) 功能区面板:"常用"→"绘图"→"椭圆"。
(2) 菜单栏:"绘图"→"椭圆"。
(3) 工具栏:单击"绘图"工具栏上的图标 。
(4) 命令行:输入"ELLIPSE"。

二、步骤

执行以上任意一种操作后,命令行提示及操作如下:

  命令:_ellipse
  指定椭圆的轴端点或 [圆弧(A)/中心点(C)]:(拾取一条轴的一个端点或选择一个选项)
  指定轴的另一个端点:(拾取该轴的另一个端点)
  指定另一条半轴长度或 [旋转(R)]:(输入另一半轴的长度或拾取另一半轴的端点)

三、选项说明

(1) 圆弧(A):只创建一段椭圆弧。
(2) 中心点(C):用指定中心点方法来绘制椭圆。选择该选项,先指定中心点,再指定一条轴的端点或输入该半轴的长度,最后指定与前一条轴相垂直的另一半轴的端点或输入另一半轴的长度。

四、例题

图3-8为涵洞出口投影图,用椭圆命令将洞口水平投影绘制完整。

  命令:_ellipse
  指定椭圆的轴端点或 [圆弧(A)/中心点(C)]:_c
  指定椭圆的中心点:(鼠标拾取 A 点)
  指定轴的端点:10(水平方向输入半轴距离 10 得到轴的端点)
  指定另一条半轴长度或 [旋转(R)]:(拾取 B 点)

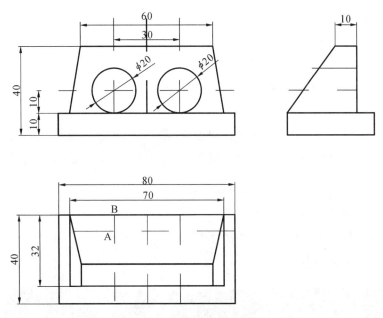

图 3-8　涵洞出口投影图

同理绘制另外的涵洞出口椭圆形投影,最终得到图 3-9 所示。

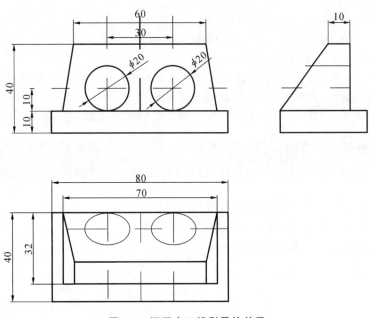

图 3-9　涵洞出口投影最终效果

任务 8 椭圆弧

一、激活方式

(1) 功能区面板:"常用"→"绘图"→"椭圆弧"。
(2) 菜单栏:"绘图"→"椭圆"→"圆弧"。
(3) 工具栏:单击"绘图"工具栏上的图标 ⬭。
(4) 命令行:输入"ELLIPSE"。

二、步骤

执行以上任意一种操作后,命令行提示及操作如下:

```
命令:_ellipse
指定椭圆的轴端点或 [圆弧(A)/中心点(C)]:_a
指定椭圆弧的轴端点或 [中心点(C)]:(指定一条轴的一个端点)
指定轴的另一个端点:(指定该轴的另一个端点)
指定另一条半轴长度或 [旋转(R)]:(输入另一半轴的长度或拾取另一半轴的端点)
指定起始角度或 [参数(P)]:(指定起始角度或选择一个选项)
指定终止角度或 [参数(P)/包含角度(I)]:(指定终止角度或选择一个选项)
```

三、选项说明

(1) 中心点(C):用指定中心点方法来绘制椭圆弧。
(2) 包含角度(I):定义从起始角度开始的包含角度。
椭圆弧中各种角度的含义如图 3-10 所示。

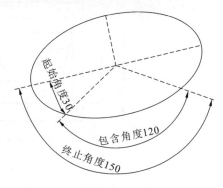

图 3-10 椭圆弧中各种角度的含义

任务 9 矩形

可创建矩形的闭合多段线。

一、激活方式

(1) 功能区面板:"常用"→"绘图"→"矩形"。
(2) 菜单栏:"绘图"→"矩形"。
(3) 工具栏:单击"绘图"工具栏上的图标 ▭。
(4) 命令行:输入"RECTANG"。

二、步骤

执行以上任意一种操作后,命令行提示及操作如下:

命令:_rectang
指定第一个角点或 [倒角(C)/标高(E)/圆角(F)/厚度(T)/宽度(W)]:(指定一个角点)
指定另一个角点或 [面积(A)/尺寸(D)/旋转(R)]:

三、选项说明

(1) 倒角(C):输入矩形倒角距离,将绘制以此值为倒角距离的矩形。其中第一个倒角距离是指角点逆时针的倒角距离,第二个倒角距离是角点顺时针的倒角距离。
(2) 圆角(F):指定圆角半径,绘制圆角矩形。
(3) 宽度(W):为矩形设置多段线宽度。
(4) 面积(A):通过输入矩形面积及长或宽绘制矩形。若绘制的是倒角或圆角矩形,则在输入面积时系统会考虑扣除被倒角删除的部分,即输入值即为扣除倒角删除后的实际面积值。
(5) 尺寸(D):通过指定矩形长和宽绘制矩形。
(6) 旋转(R):输入旋转角度,绘制有一定旋转角度的矩形。

四、例题

绘制图 3-11 所示图形。

命令:_rectang
指定第一个角点或 [倒角(C)/标高(E)/圆角(F)/厚度(T)/宽度(W)]:C(选择倒角选项)
指定矩形的第一个倒角距离 <0.0000>:10(输入第一个倒角距离值为 10)

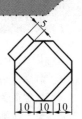

图 3-11 绘制矩形

指定矩形的第二个倒角距离 <0.0000> :10(输入第二个倒角距离值为 10)
指定第一个角点或 [倒角(C)/标高(E)/圆角(F)/厚度(T)/宽度(W)]:(鼠标指定矩形左下角点)
指定另一个角点或 [面积(A)/尺寸(D)/旋转(R)]:@30,30
命令:_rectang
当前矩形模式:倒角=10.0000 x 10.0000
指定第一个角点或 [倒角(C)/标高(E)/圆角(F)/厚度(T)/宽度(W)]:C(先将倒角距离恢复为 0,绘制中间旋转矩形)
指定矩形的第一个倒角距离 <10.0000> :0
指定矩形的第二个倒角距离 <10.0000> :0
指定第一个角点或 [倒角(C)/标高(E)/圆角(F)/厚度(T)/宽度(W)]:(指定矩形的一个角点)
指定另一个角点或 [面积(A)/尺寸(D)/旋转(R)]:R
指定旋转角度或 [拾取点(P)] <0> :45
指定另一个角点或 [面积(A)/尺寸(D)/旋转(R)]:(指定矩形另一个角点)
命令:_rectang
当前矩形模式:旋转=45(由于当前模式是 45°旋转角,因此不需要旋转,可直接进行下面步骤)
指定第一个角点或 [倒角(C)/标高(E)/圆角(F)/厚度(T)/宽度(W)]:(指定小矩形左下点或右上点)
指定另一个角点或 [面积(A)/尺寸(D)/旋转(R)]:D(选择尺寸选项)
指定矩形的长度<10.0000> :指定第二点:(拾取小矩形长边的两个端点,确定矩形长度)
指定矩形的宽度<10.0000> :5
指定另一个角点或 [面积(A)/尺寸(D)/旋转(R)]:(定位小矩形)

任务10 正多边形

可绘制有 3~1024 条边的等边闭合多边形。

一、激活方式

(1) 功能区面板:"常用"→"绘图"→"正多边形"。
(2) 菜单栏:"绘图"→"正多边形"。
(3) 工具栏:单击"绘图"工具栏上的图标⬠。
(4) 命令行:输入"POLYGON"。

二、步骤

执行以上任意一种操作后,命令行提示及操作如下:
命令:_polygon 输入边的数目 <4> :(输入正多边形边数)
指定正多边形的中心点或 [边(E)]:(指定中心点)
输入选项 [内接于圆(I)/外切于圆(C)] <I> :(输入 I 或 C)
指定圆的半径:(指定圆半径后完成正多边形的绘制)

三、选项说明

(1) 边(E):指定正多边形的一条边,其余边由系统按逆时针方向补足。

如图 3-12 所示,激活正多边形命令,在命令提示下,输入边数 5,选择边选项,指定一条正多边形线段的起点 1,指定正多边形线段的端点 2。

(2) 内接于圆(I):通过确定正多边形内接圆半径绘制正多边形。
(3) 外切于圆(C):通过确定正多边形外切圆半径绘制正多边形。

四、例题

绘制图 3-13 所示图形。

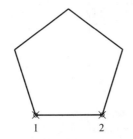
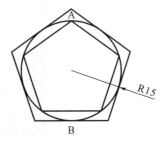

图 3-12　指定一条边绘制正多边形　　图 3-13　正多边形绘制练习

命令:_polygon 输入边的数目<5>:
指定正多边形的中心点或 [边(E)]:(拾取半径为 15 的圆的圆心)
输入选项 [内接于圆(I)/外切于圆(C)] <C>:I
指定圆的半径:(输入半径值或拾取圆的象限点 A,完成内接于圆的正多边形的绘制)
命令:_polygon 输入边的数目 <5>:
指定正多边形的中心点或 [边(E)]:(拾取半径为 15 的圆的圆心)
输入选项 [内接于圆(I)/外切于圆(C)] <I>:C
指定圆的半径:(输入半径值或拾取圆的象限点 B,完成外切于圆的正多边形的绘制)

任务11 点

一、点样式的设置

为了便于观察,在绘制前可以先设置好点样式。

1. 激活方式

(1) 菜单栏:"格式"→"点样式"。

(2) 命令行:输入"DDPTYPE"。

2. 操作说明

在打开的"点样式"对话框(见图3-14)中,选择需要的样式,单击"确定"按钮。返回操作界面,可观察到点样式已经变化。

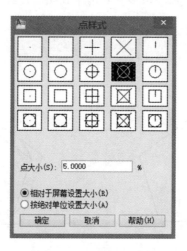

图3-14 "点样式"对话框

二、绘制点

1. 激活方式

(1) 功能区面板:"常用"→"绘图"→"多点"。

(2) 菜单栏:"绘图"→"点"→"单点"或"多点"。

(3) 工具栏:单击"绘图"工具栏上的图标 。

(4) 命令行:输入"POINT"。

2. 步骤

执行以上任意一种操作后,命令行提示及操作如下:

```
命令:_point
当前点模式:PDMODE=35 PDSIZE=0.0000
指定点:(在绘图区单击鼠标左键)
```

3. 操作说明

(1) PDMODE 控制点样式,不同的值对应不同的点样式。0~4,32~36,64~68,96~100 分别与"点样式"对话框中的第一行与第四行点样式对应。PDSIZE 用来控制点大小。

(2) 单点:一次能绘制一个点。

(3) 多点:一次能绘制多个点。

三、定数等分

将所选对象通过插入点等分为指定数目的相等长度。

1. 激活方式

(1) 功能区面板:"常用"→"绘图"→"定数等分"。

(2) 菜单栏:"绘图"→"点"→"定数等分"。

(3) 工具栏:单击"绘图"工具栏上的图标 定数等分。

(4) 命令行:输入"DIVIDE"。

2. 步骤

执行以上任意一种操作后,命令行提示及操作如下:

命令:_divide
选择要定数等分的对象:(直线、圆、圆弧、椭圆或样条曲线)
输入线段数目或 [块(B)]:

3. 选项及操作说明

(1) 可以输入的等分数目范围是 2~32767。

(2) 块(B):在等分处插入内部图块。

四、定距等分

沿着对象的长度或周长按固定的长度创建点,从而等分对象。

1. 激活方式

(1) 功能区面板:"常用"→"绘图"→"定距等分"。

(2) 菜单栏:"绘图"→"点"→"定距等分"。

(3) 工具栏:单击"绘图"工具栏上的图标 定距等分。

(4) 命令行:输入"MEASURE"。

2. 步骤

执行以上任意一种操作后,命令行提示及操作如下:

命令:_measure
选择要定距等分的对象:
指定线段长度或 [块(B)]:(输入固定的分段长度)

3. 选项及操作说明

(1)[块(B)]:在等分处插入内部图块。
(2)最后一段不一定等于指定的等分段长度。

1. 绘制圆有哪几种不同的方法?
2. 绘制圆弧有哪几种不同的方法?
3. 绘制椭圆弧时,起始角度、终止角度、包含角度的含义各是什么?
4. 直线、圆、正多边形等基本二维图形绘制命令的激活方式通常有哪几种?

学习情境 4
二维图形的编辑与修改

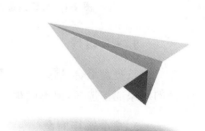

任务 1 选择对象

图形编辑有两种操作方法：一种是先选择要编辑的对象再执行编辑命令，另一种是先激活编辑命令再选择对象。对于先选择要编辑的对象再执行编辑命令的操作，以下方法1~5是适用的；对于先激活编辑命令再选择对象的操作，当命令行出现"选择对象"提示时，可以采用以下全部常用的方法选择对象，最后确定键结束命令。

1. 点选

光标放在要选择的对象上时,对象被亮显,单击以选择对象,图线变为虚线,表示选中。

2. 窗口选择

从左到右指定角点拖出矩形窗口,窗口背景为蓝色,被完全包括在矩形窗口中的对象才能被选中。以图 4-1 所示涵洞管节配筋图为例。

3. 窗交选择

从右到左指定角点拖出矩形窗口,窗口背景为绿色,边界为虚线,只要与矩形框边界接触或完全包括在其中的图形就能被选中,如图 4-2 所示。

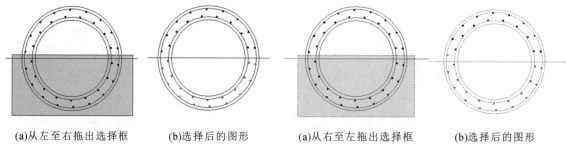

(a)从左至右拖出选择框　　(b)选择后的图形　　(a)从右至左拖出选择框　　(b)选择后的图形

图 4-1　窗口选择方式　　　　　　　　图 4-2　窗交选择方式

4. 全部选择

按键盘组合键【Ctrl+A】,选择所有图形对象,但不能选择冻结图层上的对象,锁定图层上的对象能被选择,但不能被编辑。

5. 减少选择对象

按住键盘【Shift】键的同时,鼠标点选的对象将被取消选择。

6. 圈围 WP

命令行出现"选择对象"时,键入 WP,按确定键,鼠标在待选对象周围外部构造任意多边形,完全包含在多边形区域内的对象均被选中,如图 4-3 所示。

7. 圈交 CP

命令行出现"选择对象"时,键入 CP,按确定键,鼠标在待选对象周围外部构造任意多边形,与多边形边界相交的对象都被选中,如图 4-4 所示。

8. 栏选(F)

命令行出现"选择对象"时,选择图形对象会绘制出任意折线,凡是与折线相交的对象均被选中,如图 4-5 所示。

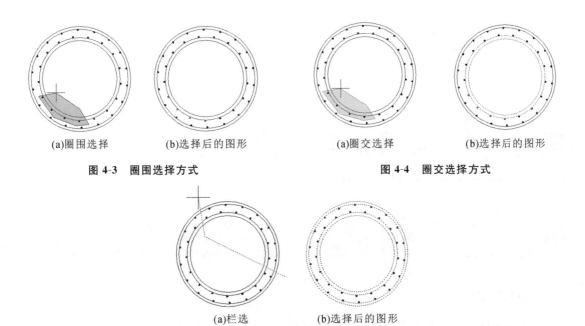

(a)圈围选择　　(b)选择后的图形　　　　(a)圈交选择　　(b)选择后的图形

图 4-3　圈围选择方式　　　　　　　　图 4-4　圈交选择方式

(a)栏选　　(b)选择后的图形

图 4-5　栏选方式

9. 上一个(L)

命令行出现"选择对象"时,输入"LAST"或"L"并按确定键,自动选中最后绘制的一个对象。

10. 删除(R)

命令行出现"选择对象"时,从选择集中移出已选择的对象。

11. 前一个(P)

将最近的选择集设置为当前选择集。

12. "?"或"SELECT"

当命令行提示"选择对象"时,如果输入"?"或在命令行中输入"SELECT",则显示如下提示:

```
命令:select
选择对象:?（命令行提示下输入?,出现要查看所有选项）
＊ 无效选择＊（系统自动显示）
需要点或窗口(W)/上一个(L)/窗交(C)/框(BOX)/全部(ALL)/栏选(F)/圈围(WP)/圈交(CP)/编组
(G)/添加(A)/删除(R)/多个(M)/前一个(P)/放弃(U)/自动(AU)/单个(SI)/子对象(SU)/对象(O)
（选择相应选项来选择对象）
选择对象:找到 1 个
```

选项说明:

该命令中窗口(W)、上一个(L)、窗交(C)、全部(ALL)、栏选(F)、圈围(WP)、圈交(CP)、前一个(P)、删除(R)、放弃(U)的作用同上,其他常用选项说明如下:

① 框(BOX):是"窗口"与"窗交"结合选项,从左到右拖出的矩形窗口,作用同"窗口",从右

到左拖出的矩形窗口,作用同"窗交"。

② 多个(M):点选多个要选择的对象,按确定键结束命令。

③ 单个(SI):选择对象后,选取工作自动结束,不再要求按确定键结束命令。

任务 2 常用编辑修改命令

一、删除

1. 激活方式

(1) 功能区面板:"常用"→"修改"→"删除"。

(2) 菜单栏:"修改"→"删除"。

(3) 工具栏:单击"修改"工具栏上的图标 。

(4) 命令行:输入"ERASE"或"E"。

(5) 键盘键:【Delete】。

(6) 快捷菜单:选择要删除的对象,在绘图区单击鼠标右键,在弹出的快捷菜单中选择"删除"。

2. 步骤

执行以上任意一种操作后,命令行提示及操作如下:

　　命令:_erase
　　选择对象:找到 1 个(选中要删除的对象)
　　选择对象:(确定键结束命令)

3. 操作说明

可以先选择对象再激活删除命令,或者先激活删除命令再选择对象,按确定键后删除。

二、恢复

如果误删了图形对象,可以激活恢复命令恢复被删除的对象。

1. 激活方式

(1) 菜单栏:"编辑"→"放弃"。

(2) 工具栏:单击快速访问工具栏上的图标 。

(3) 命令行:输入"OOPS"或"UNDO"或"U"。
(4) 键盘键:【Ctrl+Z】。

2. 操作说明

OOPS 与 UNDO 命令的区别:

OOPS 命令只能恢复前一次被删除的对象,不影响其他前面的操作;UNDO 命令可撤销前一次或多次执行过的命令,但新建、打开、保存、打印等命令不能被撤销。

上述恢复命令的激活方式中除了(3),其他方法的作用同 UNDO。

三、移动

1. 激活方式

(1) 功能区面板:"常用"→"修改"→"移动"。
(2) 菜单栏:"修改"→"移动"。
(3) 工具栏:单击"修改"工具栏上的图标 。
(4) 命令行:输入"MOVE"或"M"。
(5) 快捷菜单:选择要移动的对象,在绘图区单击鼠标右键,在弹出的快捷菜单中选择"移动"。

2. 步骤

执行以上任意一种操作后,命令行提示及操作如下:

> 命令:_move
> 选择对象:(选择要移动的对象)
> 选择对象:(确定键)
> 指定基点或 [位移(D)] <位移>:(指定基点或其他选项)
> 指定第二个点或 <使用第一个点作为位移>:(指定的第二个点就是基点的目标点,从而也确定了整个图形对象的放置位置。指定第二个点的方式可以通过鼠标拾取第二个点,或直接坐标 X 轴方向和 Y 轴方向值确定目标点,或采用极坐标方式确定。注意要用相对坐标指定第二个点。)

3. 选项及操作说明

(1) 位移(D):将默认原点作为移动对象的基点,再通过直角坐标 X 轴方向和 Y 轴方向值确定目标点,或采用极坐标方式确定目标点。

(2) 可以先选择对象再激活移动命令;或者先激活移动命令,再选择对象,按确定键完成命令。

4. 例题

将圆从图 4-6 所示的边长为 35 mm 的等边三角形的左下顶点移动到上顶点处。

方法一 基点法:

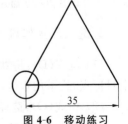

图 4-6 移动练习

命令:_move
选择对象:找到 1 个(选择圆)
选择对象:(确定键)
指定基点或 [位移(D)] <位移>:(指定圆心为基点)
指定第二个点或 <使用第一个点作为位移>:@35<60(输入第二个点相对第一个点的坐标,或打开对象捕捉,鼠标捕捉三角形上顶点处)

方法二 位移法:

命令:_move
选择对象:找到 1 个(选择圆)
选择对象:(确定键)
指定基点或 [位移(D)] <位移>:D(激活位移选项)
指定位移 <0.0000,0.0000,0.0000>:35<60(输入相对默认原点的位移坐标)

四、复制

1. 激活方式

（1）功能区面板:"常用"→"修改"→"复制"。
（2）菜单栏:"修改"→"复制"。
（3）工具栏:单击"修改"工具栏上的图标。
（4）命令行:输入"COPY"。
（5）快捷菜单:选择要复制的对象,在绘图区单击鼠标右键,在弹出的快捷菜单中选择"复制选择"。

2. 步骤

执行以上任意一种操作后,命令行提示及操作如下:

命令:_copy
选择对象:找到 1 个(选择要复制的对象)
选择对象:(确定键)
当前设置:复制模式=单个
指定基点或 [位移(D)/模式(O)/多个(M)] <位移>:(指定基点)
指定第二个点或 <使用第一个点作为位移>:(指定的第二个点就是基点的目标点,从而也确定了整个图形对象将要复制移动到的位置。指点第二个点的方式可以通过鼠标拾取第二个点,或直角坐标 X 轴方向和 Y 轴方向值确定目标点,或采用极坐标方式确定。注意采用相对坐标指定第二个点。)

3. 选项及操作说明

（1）位移(D):将默认原点作为移动对象的基点,再通过直角坐标 X 轴方向和 Y 轴方向值确定目标点,或采用极坐标方式确定目标点。
（2）模式(O):选择模式选项,弹出"单个"或"多个",选择"多个"可多次复制。
（3）多个(M):多次复制。

(4)可以先选择对象再激活复制命令;或者先激活复制命令,再选择对象,按确定键完成命令。

另外,可以使用Windows剪切板复制,操作方法:

① 默认基点复制(见图4-7):键盘键【Ctrl+C】复制与【Ctrl+V】粘贴。

② 指定基点复制:可以在复制中重新指定基点。方法:选择对象,在右键弹出的快捷菜单中选择"带基点复制",指定基点;粘贴时将以新基点作为插入点进行粘贴,如图4-8所示。

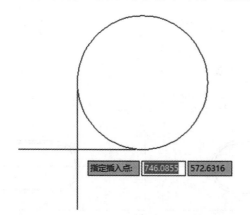

图4-7 使用Windows剪切板默认基点复制　　图4-8 使用Windows剪切板指定基点复制

五、镜像

镜像可以创建对称的镜像形象。可以先绘制半个图形对象,用镜像创建对称的另一半,从而提高绘图效率。

1. 激活方式

(1)功能区面板:"常用"→"修改"→"镜像"。

(2)菜单栏:"修改"→"镜像"。

(3)工具栏:单击"修改"工具栏上的图标 。

(4)命令行:输入"MIRROR"或"MI"。

2. 步骤

执行以上任意一种操作后,命令行提示及操作如下:

命令:_mirror
选择对象:(选择需要镜像的对象)
选择对象:(确定键)
指定镜像线的第一点:(选择镜像线或对称轴的第一点)
指定镜像线的第二点:(选择镜像线或对称轴的第二点)
要删除源对象吗? [是(Y)/否(N)] <N> :(选N不删除源对象,选Y删除源对象)

3. 操作说明

可以先选择对象再激活镜像命令;或者先激活镜像命令,再选择对象,按确定键完成命令。

4. 例题

用镜像将图 4-9 所示的中央分隔带开口平面图绘制完整(见图 4-10)。

```
命令:_mirror
选择对象:指定对角点:找到 32 个(窗交选择左侧图形)
选择对象:
指定镜像线的第一点:(捕捉 A 点)
指定镜像线的第二点:(捕捉 B 点)
要删除源对象吗? [是(Y)/否(N)] <N> :(确定键结束命令)
```

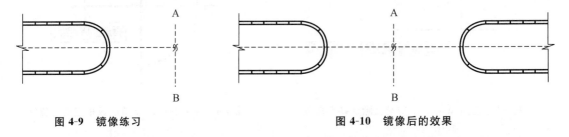

图 4-9　镜像练习　　　　　图 4-10　镜像后的效果

六、旋转

可以绕指定基点旋转图形中的对象。

1. 激活方式

(1) 功能区面板:"常用"→"修改"→"旋转"。

(2) 菜单栏:"修改"→"旋转"。

(3) 工具栏:单击"修改"工具栏上的图标 ⟳。

(4) 命令行:输入"ROTATE"或"RO"。

(5) 快捷菜单:选择要旋转的对象,在绘图区单击鼠标右键,在弹出的快捷菜单中选择"旋转"。

2. 步骤

执行以上任意一种操作后,命令行提示及操作如下:

```
命令:_rotate
UCS 当前的正角方向:ANGDIR=逆时针    ANGBASE=0
选择对象:(选择要旋转的对象)
选择对象:(确定键)
指定基点:(指定绕哪个点旋转)
指定旋转角度,或 [复制(C)/参照(R)] <0> :(输入旋转角度或选择其他选项)
```

3. 选项及操作说明

（1）输入旋转角度默认逆时针为正，顺时针为负。
（2）复制（C）：旋转对象的同时，源对象保留。
（3）参照（R）：通过旋转来对齐对象。
（4）可以先选择对象再激活旋转命令；或者先激活旋转命令，再选择对象，按确定键完成命令。

4. 例题

（1）旋转图 4-11 所示的检查井排水管，使出水与进水转角成 165°（见图 4-12）。

命令：_rotate
UCS 当前的正角方向：ANGDIR=逆时针 ANGBASE=0
选择对象：(选择要旋转的排水管)
选择对象：(确定键)
指定基点：(指定以圆心为基点旋转)
指定旋转角度，或 [复制（C）/参照（R）] <0>：(输入旋转角度 15°)

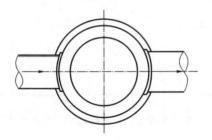
图 4-11 旋转练习 1

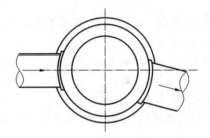
图 4-12 旋转练习 1 旋转后的效果

（2）将图 4-13 所示的三角形 ABC 绕 A 点旋转至图 4-14 实线部分。

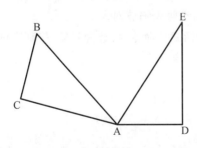
图 4-13 旋转练习 2

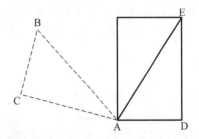
图 4-14 旋转练习 2 旋转后的效果

命令：_rotate
UCS 当前的正角方向：ANGDIR=逆时针 ANGBASE=0
选择对象：指定对角点：找到 3 个(选择三角形 ABC)
选择对象：(确定键)
指定基点：(捕捉 A 点)
指定旋转角度，或 [复制（C）/参照（R）] <0>：R(激活参照选项)
指定参照角 <0>：(两点确定参照角，这里拾取参照角第一点 A)
指定第二点：(拾取参照角第二点 B)

指定新角度或 [点(P)] <57>:P(选择点选项)
指定第一点:(两点确定参照角的新角度,这里拾取新角度第一点 A)
指定第二点:(拾取新角度第二点 E)

七、缩放

1. 激活方式

(1) 功能区面板:"常用"→"修改"→"缩放"。
(2) 菜单栏:"修改"→"缩放"。
(3) 工具栏:单击"修改"工具栏上的图标 。
(4) 命令行:输入"SCALE"或"SC"。
(5) 快捷菜单:选择要缩放的对象,在绘图区单击鼠标右键,在弹出的快捷菜单中选择"缩放"。

2. 步骤

执行以上任意一种操作后,命令行提示及操作如下:

命令:_scale
选择对象:(选择要缩放的对象)
选择对象:(确定键)
指定基点:(指定缩放的基点)
指定比例因子或 [复制(C)/参照(R)] <1.0000>:(输入缩放的比例因子或选择其他选项)

3. 选项及操作说明

(1) 复制(C):缩放的同时保留源对象。
(2) 参照(R):将现有对象的尺寸作为新尺寸的参照来缩放对象。
(3) 可以先选择对象再激活缩放命令,或者先激活缩放命令,再选择对象,按确定键完成命令。

4. 例题

(1) 将图 4-15 所示的矩形缩放至原来的 2 倍大小(见图 4-16)。

命令:_scale
选择对象:指定对角点:找到 3 个(选择整个对象)
选择对象:(确定键)
指定基点:指定图形上任一点
指定比例因子或 [复制(C)/参照(R)] <1.0000>:2

图 4-15 缩放练习 1

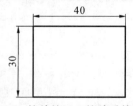
4-16 缩放练习 1 缩放后的效果

(2) 将图 4-17 所示的尺寸未知的集水井平面图缩放,使其 AB 尺寸为 1000(见图 4-18)。采用参照法缩放,步骤如下:

> 命令:_scale
> 选择对象:(选择整个图形对象)
> 选择对象:(确定键)
> 指定基点:(选择 A 点)
> 指定比例因子或 [复制(C)/参照(R)] <1.0000> :R(激活参照选项)
> 指定参照长度 <1.0000> :(选择 A 点)
> 指定第二点:(选择 B 点)
> 指定新的长度或 [点(P)] <1.0000> :1000

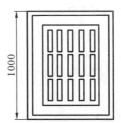

图 4-17 缩放练习 2　　　图 4-18 缩放练习 2 缩放后的效果

八、阵列

1. 激活方式

(1) 功能区面板:"常用"→"修改"→"阵列"。

(2) 菜单栏:"修改"→"阵列"。

(3) 工具栏:单击"修改"工具栏上的图标 。

(4) 命令行:输入"ARRAY"或"AR"。

2. 步骤

执行上述操作,打开"阵列"对话框,有两种阵列方式:矩形阵列(见图 4-19)和环形阵列(见图 4-20)。

(1) 矩形阵列:单击"选择对象"按钮,返回到绘图区,选择要阵列的对象,按确定键,在对话框中输入要阵列的行数、列数、行偏移(向上为正,向下为负)、列偏移(向右为正,向左为负)、阵列角度(逆时针为正,顺时针为负),注意行偏移、列偏移、阵列角度这三项参数也可采用拾取的方式确定,可以在按确定键结束命令前先单击"预览"按钮观察阵列后的效果。

(2) 环形阵列:单击"选择对象"按钮,返回到绘图区,选择要阵列的对象,按确定键,在对话框"中心点"栏的 X、Y 中输入中心点坐标,或单击拾取按钮用鼠标拾取中心点位置;再根据需要输入项目总数、填充角度、项目间角度;最后根据需要选择"复制时旋转项目"或取消此选项,可以在按确定键结束命令前先单击"预览"按钮观察阵列后的效果。

 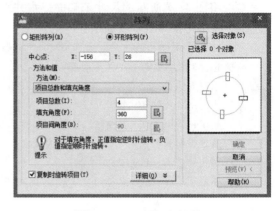

图 4-19　矩形阵列对话框　　　　　　　图 4-20　环形阵列对话框

3. 例题

将曝气池平面图[见图 4-21(a)]中的微孔曝气器阵列,得到图 4-21(b)所示阵列后的完整图形。

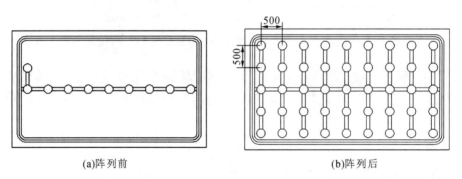

(a)阵列前　　　　　　　　　　(b)阵列后

图 4-21　阵列练习

命令:_array

选择对象:指定对角点:找到 6 个(如图 4-22 所示,窗交选择要阵列的对象)

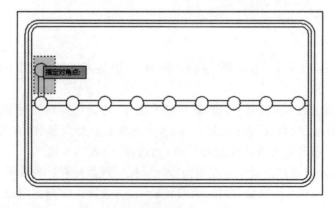

图 4-22　选择要阵列的对象

按确定键回到对话框,输入参数,如图 4-23 所示。

单击"预览"按钮,得到图形,如图 4-24 所示。

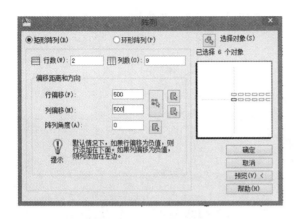
图 4-23 输入阵列参数

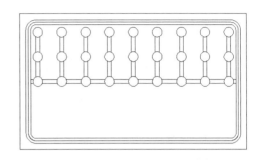
图 4-24 预览效果

按【Esc】键返回到对话框,单击"确定"按钮,或者单击鼠标右键结束命令。
接着采用镜像命令得到完整图形,如图 4-21(b)所示。

九、偏移

偏移用来创建与原图形对象平行的新对象。被偏移的对象可以是直线、圆、圆弧、矩形等对象,如果是封闭图形如圆、矩形等,则偏移后的对象将被放大或缩小。

1. 激活方式

(1) 功能区面板:"常用"→"修改"→"偏移"。
(2) 菜单栏:"修改"→"偏移"。
(3) 工具栏:单击"修改"工具栏上的图标 。
(4) 命令行:输入"OFFSET"或"O"。

2. 步骤

执行以上任意一种操作后,命令行提示及操作如下:

命令:_offset
当前设置:删除源=否 图层=源 OFFSETGAPTYPE= 0
指定偏移距离或 [通过(T)/删除(E)/图层(L)] <通过>:(指定偏移后新对象与源对象间的距离)
选择要偏移的对象,或 [退出(E)/多个(M)/放弃(U)] <退出>:(选择要偏移的对象)
指定要偏移的那一侧上的点,或 [退出(E)/多个(M)/放弃(U)] <退出>:(在要偏移的一侧单击鼠标左键)
选择要偏移的对象,或 [退出(E)/放弃(U)] <退出>:(确定键结束命令)

3. 选项及操作说明

(1) 通过(T):通过指定某个点创建与源对象保持等距离的新对象。
(2) 删除(E):偏移后删除源对象。
(3) 图层(L):改变偏移后的对象所在图层是当前图层还是源对象图层。

(4)可以先选择对象再激活偏移命令;或者先激活偏移命令,再选择对象,按确定键完成偏移。

4. 例题

将图 4-25 所示的直线图形向右偏移 10,如图 4-26 所示。

```
命令:_offset
当前设置:删除源=否  图层=源  OFFSETGAPTYPE=0
指定偏移距离或 [通过(T)/删除(E)/图层(L)] <0.0000> :10
选择要偏移的对象,或 [退出(E)/多个(M)/放弃(U)] <退出> :(选择要偏移的直线对象)
指定要偏移的那一侧上的点,或 [退出(E)/多个(M)/放弃(U)] <退出> :(在直线右侧区域单击)
选择要偏移的对象,或 [退出(E)/放弃(U)] <退出> :(确定键结束命令)
```

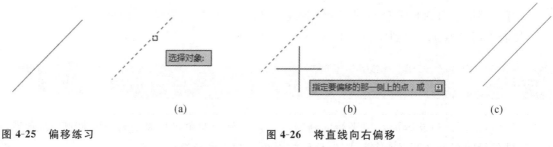

(a)　　　　　　　　　　(b)　　　　　　　　　　(c)

图 4-25　偏移练习　　　　　　　　图 4-26　将直线向右偏移

十、拉伸

1. 激活方式

(1)功能区面板:"常用"→"修改"→"拉伸"。

(2)菜单栏:"修改"→"拉伸"。

(3)工具栏:单击"修改"工具栏上的图标。

(4)命令行:输入"STRETCH"或"S"。

2. 步骤

执行以上任意一种操作后,命令行提示及操作如下:

```
命令:_stretch
以交叉窗口或交叉多边形选择要拉伸的对象…
选择对象:(窗交选择对象)
选择对象:(确定键)
指定基点或 [位移(D)] <位移> :(拾取基点)
指定第二个点或 <使用第一个点作为位移> :(输入拉伸距离)
```

3. 选项及操作说明

(1)位移(D):将默认原点作为拉伸对象的基点,再通过直角坐标 X 轴方向和 Y 轴方向值确定目标点,或采用极坐标方式确定目标点。

(2) 拉伸对象时,必须采用交叉窗口或交叉多边形选择要拉伸的对象,落在交叉窗口内的端点被拉伸,在外部的端点保持不动。若对象整体都在窗口内,则产生移动而不是拉伸效果。对圆、椭圆、块、文字等无端点的图形不能被拉伸,根据图形特征点是否落在窗口内决定是否被移动。

(3) 可以先选择对象再激活拉伸命令;或者先激活拉伸命令,再选择对象,按确定键完成命令。

4. 例题

拉伸图 4-27 所示的钢筋。

```
命令:_stretch
以交叉窗口或交叉多边形选择要拉伸的对象…
选择对象:指定对角点:找到 1 个(窗交选择,如图 4-28 所示)
选择对象:(确定键)
指定基点或 [位移(D)] <位移>:(捕捉右端点,如图 4-29 所示)
指定第二个点或 <使用第一个点作为位移>:(正交模式下,鼠标向右拖出一定距离后单击鼠标左键,最终效果如图 4-30 所示)
```

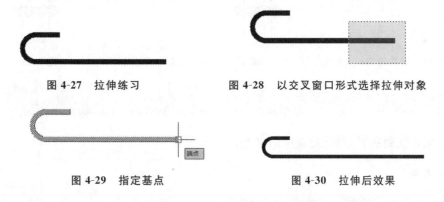

图 4-27 拉伸练习　　图 4-28 以交叉窗口形式选择拉伸对象

图 4-29 指定基点　　图 4-30 拉伸后效果

十一、对齐

通过移动、旋转等操作将一个对象与另一个对象对齐。

1. 激活方式

(1) 功能区面板:"常用"→"修改"→"对齐"。
(2) 菜单栏:"修改"→"三维操作"→"对齐"。
(3) 工具栏:单击"修改"工具栏上的图标 。
(4) 命令行:输入"ALIGN"或"AL"。

2. 例题

利用对齐命令将图 4-31 所示的管道连接。

```
命令:_align
选择对象:指定对角点:找到 24 个
选择对象:(确定键)
指定第一个源点:(拾取点 3,如图 4-31 所示)
指定第一个目标点:(拾取点 1,如图 4-31 所示)
指定第二个源点:(拾取点 4,如图 4-31 所示)
指定第二个目标点:(拾取点 2,如图 4-31 所示)
指定第三个源点或 <继续>:(确定键)
是否基于对齐点缩放对象?[是(Y)/否(N)] <否>:Y(是,如图 4-32 所示)
```

对齐后的最终效果如图 4-33 所示。

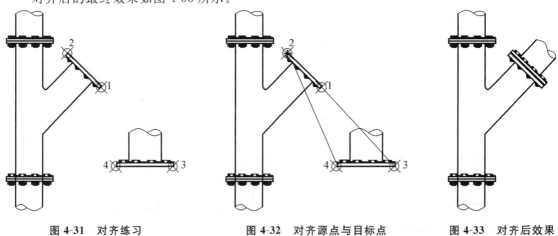

图 4-31 对齐练习　　　　图 4-32 对齐源点与目标点　　　　图 4-33 对齐后效果

十二、修剪

沿着对象定义的边界,删除对象中的多余部分。

1. 激活方式

(1) 功能区面板:"常用"→"修改"→"修剪"。

(2) 菜单栏:"修改"→"修剪"。

(3) 工具栏:单击"修改"工具栏上的图标 。

(4) 命令行:输入"TRIM"或"TR"。

2. 步骤

执行以上任意一种操作后,命令行提示及操作如下:

```
命令:_trim
当前设置:投影=UCS,边=无
选择剪切边...
选择对象或 <全部选择>:(选择剪切边界)
选择对象:(确定键)
选择要修剪的对象,或按住 Shift 键选择要延伸的对象,或
[栏选(F)/窗交(C)/投影(P)/边(E)/删除(R)/放弃(U)]:(选择被修剪的对象)
```

选择要修剪的对象,或按住 Shift 键选择要延伸的对象,或
[栏选(F)/窗交(C)/投影(P)/边(E)/删除(R)/放弃(U)]:(确定键结束命令)

3. 选项及操作说明

(1) 选择剪切边:修剪边界的对象。

(2) 按 Shift 键:"修剪"命令将转为"延伸"命令。

(3) 边(E):选择此选项后,可选对象的修剪方式为延伸和不延伸。其中,"延伸"表示即使修剪边界与被修剪对象没有相交,系统也会假想将修剪边界延长至与修剪对象相交,再继续命令。"不延伸"表示与"延伸"相反,即修剪边不能假想被延长。

4. 例题

修剪图 4-34 所示的填方路基横断面图,效果如图 4-35 所示。

命令:_trim
当前设置:投影=UCS,边=无
选择剪切边…
选择对象或 <全部选择>:找到 1 个(选择剪切边)
选择对象:(确定键)
选择要修剪的对象,或按住 Shift 键选择要延伸的对象,或
[栏选(F)/窗交(C)/投影(P)/边(E)/删除(R)/放弃(U)]:(选择多余图线)
选择要修剪的对象,或按住 Shift 键选择要延伸的对象,或
[栏选(F)/窗交(C)/投影(P)/边(E)/删除(R)/放弃(U)]:(确定键结束命令)

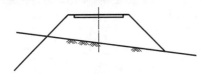
图 4-34 修剪练习

图 4-35 修剪后的效果

十三、延伸

延伸一个对象至另一个对象的边界上。

1. 激活方式

(1) 功能区面板:"常用"→"修改"→"延伸"。

(2) 菜单栏:"修改"→"延伸"。

(3) 工具栏:单击"修改"工具栏上的图标 ---/。

(4) 命令行:输入"EXTEND"或"EX"。

2. 操作说明

延伸命令与剪切命令在操作上相似,在剪切命令中按【Shift】键选择对象也能实现延伸功能。

3. 例题

用延伸命令将图 4-36 所示图形的四个角闭合。

```
命令:_extend
当前设置:投影=UCS,边=延伸（注意边的模式选择延伸）
选择边界的边...
选择对象或<全部选择>:(全部选择)
选择要延伸的对象,或按住 Shift 键选择要修剪的对象,或
[栏选(F)/窗交(C)/投影(P)/边(E)/放弃(U)]:(选择第一条要延伸的对象,如图 4-37 所示,延伸后的
效果如图 4-38 所示)
选择要延伸的对象,或按住 Shift 键选择要修剪的对象,或
[栏选(F)/窗交(C)/投影(P)/边(E)/放弃(U)]:(选择第二条要延伸的对象,如图 4-39 所示,延伸后的
效果如图 4-40 所示)
```

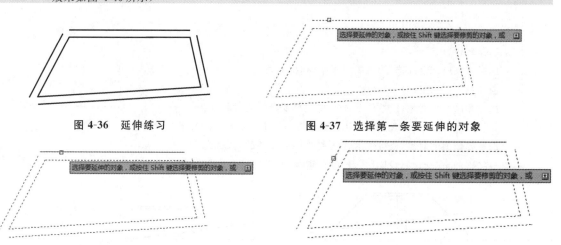

图 4-36　延伸练习　　　　　　图 4-37　选择第一条要延伸的对象

图 4-38　第一条延伸后的效果　　图 4-39　选择第二条要延伸的对象

对其他三个顶点执行同样操作,最终效果如图 4-41 所示。

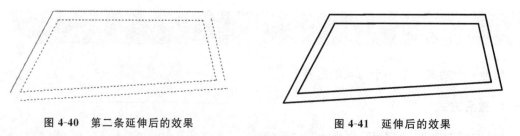

图 4-40　第二条延伸后的效果　　图 4-41　延伸后的效果

十四、打断

将对象打断或删除其中一部分。

1. 激活方式

(1) 功能区面板:"常用"→"修改"→"打断"。

(2) 菜单栏:"修改"→"打断"。

(3) 工具栏:单击"修改"工具栏上的图标 。

(4) 命令行:输入"BREAK"或"BR"。

2. 步骤

执行以上任意一种操作后,命令行提示及操作如下:

> 命令:_break
> 选择对象:(直接选取需要打断的位置)
> 指定第二个打断点 或 [第一点(F)]:(拾取需要打断的第二点)

3. 选项及操作说明

(1) 第一点(F):选择此选项后,命令提示:"指定第一个打断点",重新定义第一点,再根据命令提示指定第二个打断点,实现精确打断。

(2) 标注的尺寸线不能被打断。

(3) 打断对象为圆时,则删除第一点与第二点间逆时针方向的圆弧。

4. 例题

用打断命令打断图 4-42 所示的相交管线。

> 命令:_break
> 选择对象:(指定给水管上第一个打断点)
> 指定第二个打断点 或 [第一点(F)]:(指定给水管上第二个打断点)

打断后的效果如图 4-43 所示。

图 4-42 打断练习　　　　图 4-43 打断后的效果

十五、打断于点

打断于点是在一点打断对象,以此点为分界将对象分为两部分,如图 4-44 所示。

(a)打断前　　　　　　　(b)打断后

图 4-44 打断于点

1. 激活方式

(1) 功能区面板:"常用"→"修改"→"打断于点"。

（2）工具栏：单击"修改"工具栏上的图标 ▭。

2. 步骤

执行以上任意一种操作后，命令行提示及操作如下：

> 命令：_break
> 选择对象：
> 指定第二个打断点 或 [第一点(F)]：_f(选择要执行命令的对象)
> 指定第一个打断点：(指定第一个打断点)
> 指定第二个打断点：@（自动执行@语句同时结束命令）

3. 操作说明

打断于点不能用于圆、椭圆等闭合的周期性图形。

十六、合并

合并相似图形，形成一个完整的对象。

1. 激活方式

（1）功能区面板："常用"→"修改"→"合并"。

（2）菜单栏："修改"→"合并"。

（3）工具栏：单击"修改"工具栏上的图标 ╋╋。

（4）命令行：输入"JOIN"或"J"。

2. 操作说明

（1）合并两条或多条圆弧（椭圆弧）时，从源对象开始沿逆时针方向合并。

（2）相似图形对象如直线、开放的多段线、圆弧、椭圆弧、开放的样条曲线可合并为一个对象。

十七、分解

将复合对象如图案填充、标注、块、多段线、矩形、正多边形等分解为它的组成部分。

1. 激活方式

（1）功能区面板："常用"→"修改"→"分解"。

（2）菜单栏："修改"→"分解"。

（3）工具栏：单击"修改"工具栏上的图标 ▭。

（4）命令行：输入"EXPLODE"。

2. 步骤

执行以上任意一种操作后，命令行提示及操作如下：

  命令:_explode
  选择对象:(选择要分解的对象)
  选择对象:(确定键结束命令)

3. 操作说明

不是所有的复合对象都能分解，分解后对象的颜色、线型、线宽等信息可能会丢失，如多段线分解后将丢失线宽信息。

十八、倒角

用线连接两个非平行的线型对象，或者通过延伸或修剪使它们相交。

1. 激活方式

(1) 功能区面板："常用"→"修改"→"倒角"。
(2) 菜单栏："修改"→"倒角"。
(3) 工具栏：单击"修改"工具栏上的图标 。
(4) 命令行：输入"CHAMFER"或"CHA"。

2. 步骤

执行以上任意一种操作后，命令行提示及操作如下：

  命令:_chamfer
  ("修剪"模式)当前倒角距离 1=0.0000,距离 2=0.0000
  选择第一条直线或 [放弃(U)/多段线(P)/距离(D)/角度(A)/修剪(T)/方式(E)/多个(M)]:
  选择第二条直线,或按住 Shift 键选择要应用角点的直线:

3. 选项及操作说明

(1) 多段线(P)：在二维多段线的所有顶点处产生倒角。

(2) 距离(D)：倒角距离是每个对象与倒角线相接或与其他对象相交而进行修剪或延伸的长度。如果两个倒角距离都为 0,则不创建倒角线,倒角操作将修剪或延伸这两个对象直至它们相交。也可以不输入距离 0,而是在选择对象时按住【Shift】键,以使用值 0 替代当前倒角距离,如图 4-45 所示倒角距离选项说明。

(3) 角度(A)：通过指定第一个选定对象的倒角距离及倒角线与该对象形成的角度为两个对象倒角,如图 4-46 所示。

(4) 修剪(T)：该选项决定是否在对象倒角后,删除被倒角对象原有形状。

(5) 方式(E)：决定采用"距离"还是"角度"倒角。

(6) 多个(M)：该选项可连续对多组对象进行倒角,直至用户按确定键结束命令。

(7) 当设置的倒角距离太大或角度不符合时,命令行会提示"无效"。

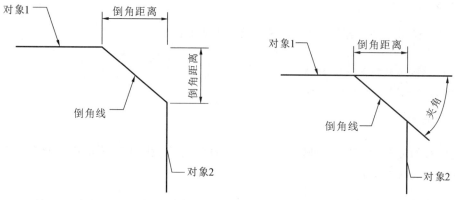

图 4-45 倒角距离选项说明　　图 4-46 倒角角度选项说明

4. 例题

用倒角命令完成图 4-47 所示的八字翼墙前端图,倒角后的效果如图 4-48 所示。

命令:CHAMFER
("修剪"模式)当前倒角距离 1=0.0000,距离 2=0.0000
选择第一条直线或 [放弃(U)/多段线(P)/距离(D)/角度(A)/修剪(T)/方式(E)/多个(M)]:(选择 AC 段)
选择第二条直线,或按住 Shift 键选择要应用角点的直线:(选择 AB 段)
命令:CHAMFER(回车键重复命令)
("修剪"模式)当前倒角距离 1=0.0000,距离 2=0.0000
选择第一条直线或 [放弃(U)/多段线(P)/距离(D)/角度(A)/修剪(T)/方式(E)/多个(M)]:(选择 AB 段)
选择第二条直线,或按住 Shift 键选择要应用角点的直线:(选择 BD 段)

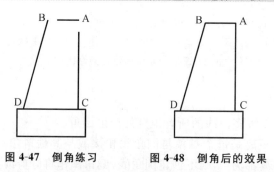

图 4-47 倒角练习　　图 4-48 倒角后的效果

十九、圆角

用指定半径的圆弧光滑地连接两个对象,使对象与圆弧相切。

1. 激活方式

(1) 功能区面板:"常用"→"修改"→"圆角"。

(2) 菜单栏:"修改"→"圆角"。

(3) 工具栏:单击"修改"工具栏上的图标。

(4) 命令行:输入"FILLET"或"F"。

2. 步骤

执行以上任意一种操作后,命令行提示及操作如下:

```
命令:_fillet
当前设置:模式=修剪,半径=0.0000
选择第一个对象或 [放弃(U)/多段线(P)/半径(R)/修剪(T)/多个(M)]:
选择第二个对象,或按住 Shift 键选择要应用角点的对象:
```

3. 选项及操作说明

(1) 多段线(P):选择此选项后,将根据圆弧的半径把多段线各顶点用光滑的圆弧连接起来。

(2) 半径(R):设置圆弧的半径值。

(3) 修剪(T):该选项决定在对象圆角后,是否删除被圆角对象的原有形状。

(4) 多个(M):该选项可连续对多组对象进行圆角,直至用户按确定键结束命令。

(5) 可以应用圆角命令的对象有直线、多段线、样条曲线、射线、圆、圆弧、椭圆。但注意圆角总是使靠近点取位置的地方用圆弧连接,如图 4-49 所示。

图 4-49 圆角总是使靠近点取位置的地方用圆弧连接

(6) 对两条平行线圆角,将自动将圆角半径设为两条平行线间距离的一半。

(7) 若圆角半径太大,命令行会提示"半径太大"。

任务 3 夹点的使用

当选择对象时,在对象上会显示出若干个蓝色小方框,即夹点(见图 4-50),利用夹点可以快速方便地编辑对象。

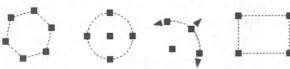

图 4-50 夹点

一、夹点的设置

夹点设置可采用菜单栏上的"工具"→"选项"→"选择集"或在命令行中输入"DDGRIPS"的方式,在弹出的图 4-51 所示的对话框中,对夹点的相应参数进行设置。

图 4-51 夹点设置对话框

二、夹点编辑对象

当对象被选取后,夹点显示,用鼠标对准需操作的夹点,单击鼠标左键则夹点被选中并变成红色,该夹点就进入了编辑状态。此时命令行出现"指定拉伸点或［基点(B)/复制(C)/放弃(U)/退出(X)］"等提示,可进行相应的夹点编辑操作。也可以在夹点处于编辑状态时单击右键,调出快捷菜单,选择编辑方式。若要选中多个夹点,必须按住【Shift】键的同时单击鼠标左键选择其他夹点。

将图 4-52(a)所示的图形拉伸,得到图 4-52(b)所示的图形。

```
命令:指定对角点:(选中对象,出现夹点)
命令:(按下 Shift 键,鼠标拾取点 1)
命令:(不放开 Shift 键,鼠标继续拾取点 2)
命令:(不放开 Shift 键,鼠标继续拾取点 3,如图 4-53 所示)
命令:(放开 Shift 键,鼠标拾取点 3 作为拉伸的基点,如图 4-53 所示)
** 拉伸 **
指定拉伸点或 [基点(B)/复制(C)/放弃(U)/退出(X)]:_copy(选择复制选项)
** 拉伸(多重)**
```

指定拉伸点或 [基点(B)/复制(C)/放弃(U)/退出(X)]:(拉伸至右上方,单击鼠标左键)
＊＊ 拉伸（多重）＊＊
指定拉伸点或 [基点(B)/复制(C)/放弃(U)/退出(X)]:(确定键结束命令)

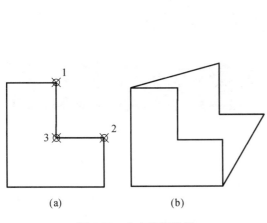

图 4-52　夹点编辑练习

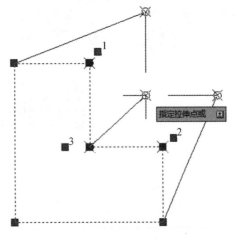

图 4-53　夹点拉伸

1. 图形编辑时,对象的选择方法有哪些？
2. 拉伸对象前,必须采用什么方法选择要拉伸的对象？
3. 要合并的对象满足什么条件才能被合并？
4. 夹点的作用有哪些？

学习情境 5 精确绘图辅助工具

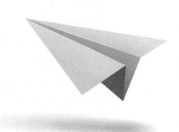

捕捉、栅格、正交、极轴追踪、对象捕捉、对象捕捉追踪、动态输入等工具可以帮助精确绘图，极大地提高绘图效率。

任务 1 栅格与捕捉

利用栅格与捕捉，可以使光标在绘图窗口按指定的步距移动，就像在绘图屏幕上隐含分布着按指定行间距和列间距排列的栅格点，这些栅格点能够捕捉光标，使光标只能落在由这些点确定的位置上，从而使光标只能按指定的步距移动。

通过键盘键【F9】或切换状态栏中的按钮 ▦ 实现捕捉的启闭。通过键盘键【F7】或切换状态栏中的按钮 ▦ 实现栅格的启闭。

利用"草图设置"对话框中的"捕捉和栅格"选项卡可进行栅格捕捉与栅格显示方面的设置。

1. 激活方式

（1）右键单击状态栏上的"捕捉"按钮。
（2）菜单栏："工具"→"草图设置"。

2. 步骤

执行上述任意操作，弹出"草图设置"对话框，如图 5-1 所示。

在"栅格 X 轴间距"和"栅格 Y 轴间距"中输入正数设定栅格间距，在"X 轴间距和 Y 轴间距相等"复选框前打钩，则栅格间距相等，否则可设置成不同值。

在"捕捉 X 轴间距"和"捕捉 Y 轴间距"中输入正数设定捕捉间距。一般将捕捉与栅格的间距设置为相同值。

栅格捕捉类型包括"矩形捕捉"和"等轴测捕捉"。当采用前者捕捉时，栅格点按矩形排列，光标呈十字，如图 5-2 所示的楼梯绘制。在后者捕捉模式下，栅格和光标十字线呈绘制等轴测图时的特定角度，尽管等轴测图形看似三维图形，实际上它是二维表示的。

图 5-1 捕捉和栅格设置对话框

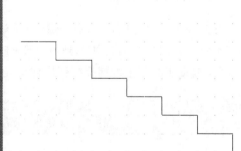

图 5-2 "矩形捕捉"栅格点按矩形排列

捕捉类型 PolarSnap：光标将沿极轴角度按指定极轴增量进行移动。该增量即为极轴距离，在图中设置。注意进行极轴捕捉，必须打开"极轴追踪"，否则极轴捕捉无效。

任务 2 正交模式

正交模式限制光标沿水平或垂直方向移动，以利于精确绘图。通过键盘键【F8】或切换状态栏中的按钮 实现正交的启闭。

任务 3 对象捕捉

使用对象捕捉可快速精确地指定对象上的关键点，如圆的圆心和象限点，直线的端点和中点，文字的插入点等，提高绘图效率和准确性。

一、自动捕捉

自动对象捕捉的调用方法：右键单击状态栏上的"对象捕捉"按钮或单击菜单栏上的"工具"→"草图设置"→"对象捕捉"，弹出图 5-3 所示的对话框，选中需要捕捉的特征点。

设置后，在绘图或编辑时，把光标移动到一个图形上，系统会自动捕捉到该对象上所有符合条件的特征点，并显示相应标记。通过键盘键【F3】或切换状态栏中的按钮 实现对象捕捉的启闭。

二、临时捕捉

在需要捕捉某点时，按住【Ctrl】键或【Shift】键并单击鼠标右键，弹出对象捕捉快捷菜单，如图 5-4 所示，选择一种，待捕捉到所需要的点后，对象捕捉自动关闭，因此又称为临时捕捉。另外，对象捕捉工具栏上的捕捉按钮同样也能实现临时捕捉的作用，如图 5-5 所示。

三、操作说明

（1）对象捕捉不能单独使用，仅当提示指定点时，对象捕捉功能才能生效。

（2）若把所有的特征点都设置为自动捕捉，或自动捕捉的特征点太多，可能会出现捕捉冲突，捕捉不到想要的特征点，此时可采用临时捕捉。另外，注意应有选择地设置自动捕捉，一般可以把端点、交点、中点、圆心等常用的特征点设为自动捕捉模式，其他特征点的捕捉可以采用临时捕捉模式。

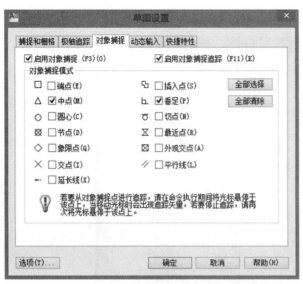 

图 5-3　对象捕捉设置对话框　　　　图 5-4　临时捕捉快捷菜单

图 5-5　对象捕捉工具栏

任务 4　自动追踪

自动追踪有极轴追踪和对象捕捉追踪两种，使用自动追踪可以沿指定角度或与其他对象的指定关系绘制对象。

一、极轴追踪

使用极轴追踪，光标将按指定极轴角度移动。若同时使用极轴捕捉即"PolarSnap"，光标将沿极轴角度按指定增量进行移动。通过键盘键【F10】或切换状态栏中的按钮 可以实现极轴追踪的启闭。

极轴追踪前，要对其进行极轴角的设置：

1. 激活方式

（1）右键单击状态栏上的"极轴追踪"按钮。
（2）菜单栏："工具"→"草图设置"→"极轴追踪"。

2. 步骤

执行上述任意操作,将打开"草图设置"对话框"极轴追踪"选项卡,如图 5-6 所示。

图 5-6 极轴追踪设置对话框

1)极轴角的设置

(1)附加角:通过新建和删除来增加、删除角度。设置的附加角都会被追踪到。

(2)增量角:可以通过下拉列表选择,也可以直接输入需要的角度,注意增量角的整数倍都会被追踪到。

2)极轴角的测量

(1)"绝对"是根据当前用户坐标系确定极轴追踪角度,即相对水平方向逆时针测量。

(2)"相对上一段"是以上一段对象为基准进行测量。

3. 例题

利用极轴追踪绘制图 5-7 所示的∠AOB 及图 5-8 所示的∠COD。

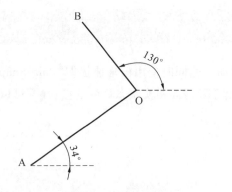

图 5-7 利用极轴追踪绘制∠AOB

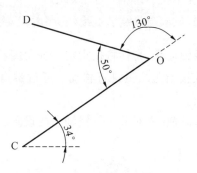

图 5-8 利用极轴追踪绘制∠COD

分析：打开"草图设置"对话框"极轴追踪"选项卡，设置附加角 34°、130°，如图 5-9 所示，∠AOB 包括两段直线段 AO、OB，采用极坐标绘制，极轴角都是绝对测量方式。

图 5-9 极轴角的设置

命令：_line 指定第一点：(单击鼠标左键确定点 A)
指定下一点或 [放弃(U)]：(移动光标，在 34°方向上出现路径追踪参照线，如图 5-10 所示，单击鼠标左键，确定 O 点)
指定下一点或 [放弃(U)]：(移动光标，在 130°方向上出现路径追踪参照线，如图 5-11 所示，单击鼠标左键，确定 B 点)
指定下一点或 [闭合(C)/放弃(U)]：(确定键结束命令)

同理绘制∠COD，注意此时极轴角的测量采用"相对上一段"。

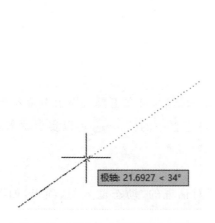
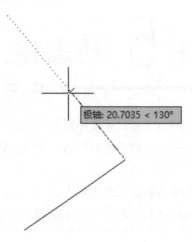

图 5-10 34°方向上路径追踪参照线　　图 5-11 130°方向上路径追踪参照线

二、对象捕捉追踪

使用对象捕捉追踪，可以沿着基于对象捕捉点的对齐路径进行追踪。已获取的点将显示一个小加号（＋），一次最多可以获取七个追踪点。获取点之后，当在绘图路径上移动光标时，将显示相对于获取点的水平、垂直或极轴对齐路径。例如，可以基于对象端点、中点或者对象的交点，沿着某个路径选择一点。通过键盘键【F11】或切换状态栏中的按钮 ∠ 可以实现对象捕捉追踪的启闭。

默认情况下，对象捕捉追踪将设置为正交。对齐路径将显示在基于已获取的对象点的0°、90°、180°和270°方向上，也可以使用极轴追踪角代替。两种方法的设置在"草图设置"对话框"极轴追踪"选项卡中完成，如图5-9所示。

例如，绘制图5-12所示对象AB的垂直平分线。

对象捕捉设置中打开中点、垂足等特征点，打开对象捕捉按钮和对象捕捉追踪。激活直线命令，在AB中点处出现亮显垂足特征点，移动光标出现路径参照线，单击鼠标左键，确定垂直平分线的一个端点，如图5-13所示，同理确定另一端点。

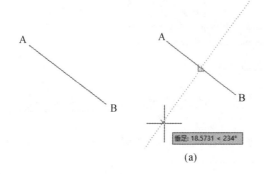
图5-12 对象捕捉追踪练习

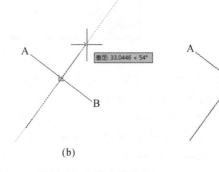
图5-13 绘制AB的垂直平分线

任务 5 动态输入

动态输入开启后在光标附近提供工具栏提示，命令激活后，可在工具栏提示中输入坐标值，帮助用户专注于绘图区域。通过键盘键【F12】或切换状态栏中的按钮 ╋ 可以实现动态输入的启闭。

动态输入的设置方法如下。

右键单击状态栏中的按钮 ╋ ，弹出"草图设置"对话框的"动态输入"选项卡，如图5-14所示。

动态输入有三个组件："指针输入""标注输入""动态提示"。

图 5-14 动态输入设置对话框

1. 启用指针输入

当启用时,光标右侧有工具栏提示坐标,此时可以在工具栏提示中输入坐标值,使用【Tab】键可在多个数值间切换。第二个点和后续点的默认设置为相对坐标,不需要输入@;若需使用绝对坐标,则用#号做前缀。

2. 启用标注输入

标注输入显示了正在被创建或编辑的对象的标注尺寸信息。如创建直线时会显示长度和角度值,并会随着光标的移动而动态更新,通过【Tab】键可实现长度和角度的切换。

3. 显示动态提示

当激活命令时,命令行的提示会在光标附近同步显示,此时按下键盘键【↓】可查看和选择命令包含的选项,按下键盘键【↑】可显示最近输入的坐标。

任务 6 查询对象

查询命令用于对象的时间、距离、面积、周长、质量特性等信息,确保绘制的对象准确无误。

一、查询时间

单击菜单栏上的"工具"→"查询"→"时间"或在命令行中输入"TIME",执行查询时间操作。

查询显示图形对象的日期和时间统计信息、图形的编辑时间、最后一次修改时间、系统当前时间等,如图 5-15 所示。

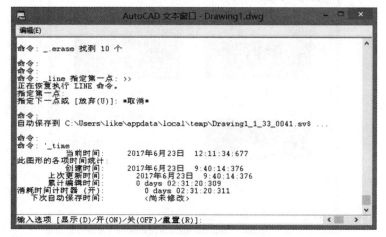

图 5-15　查询时间文本窗口

二、查询状态

单击菜单栏上的"工具"→"查询"→"状态"或在命令行中输入"STATUS",执行查询状态操作。

弹出的窗口(见图 5-16)中显示了模型空间图形界限、捕捉分辨率、栅格间距、当前图层、线宽等信息。

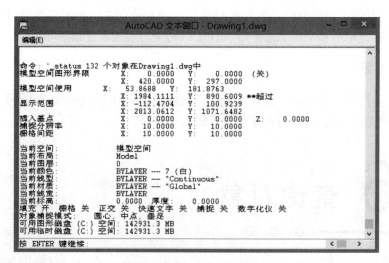

图 5-16　查询状态文本窗口

三、查询点坐标

单击菜单栏上的"工具"→"查询"→"点坐标"或在命令行中输入"ID",执行查询点坐标操作。

例如：
命令：'_id指定点：(拾取要查询的点)
X=1122.9108 Y=521.4012 Z=0.0000(显示该点坐标)

四、查询距离

单击菜单栏上的"工具"→"查询"→"距离"或在命令行中输入"DIST"，执行查询距离操作。例如，查询直线段的距离，如图5-17所示。

命令：_MEASUREGEOM
输入选项 [距离(D)/半径(R)/角度(A)/面积(AR)/体积(V)]<距离>：_distance
指定第一点：(拾取直线的一个端点)
指定第二个点或[多个点(M)]：(拾取直线另一端点)
距离=50.0000,XY平面中的倾角=60,与XY平面的夹角=0
X增量=25.0000,Y增量=43.3013,Z增量=0.0000
输入选项[距离(D)/半径(R)/角度(A)/面积(AR)/体积(V)/退出(X)]<距离>：(确定键结束命令)

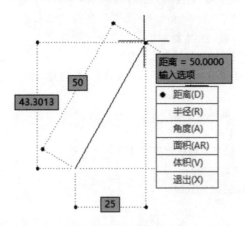

图5-17 查询距离

上例中，"XY平面中的倾角=60"是指直线段与X轴正方向的夹角。

五、查询面积及周长

查询面积用来查询对象的面积和周长，还可以对面积及周长进行加减运算。

1. 激活方式

单击菜单栏上的"工具"→"查询"→"面积"或在命令行中输入"AREA"，执行查询面积和周长的操作。激活命令后，命令提示行出现"指定第一个角点或[对象(O)/增加面积(A)/减少面积(S)/退出(X)]<对象(O)>："。

2. 选项说明

(1) 角点方式查询：查询指定角点围成的区域的面积与周长。若区域不封闭，默认以虚拟直线将第一个角点与最后一个角点连接使区域闭合(包括虚拟直线长度),显示计算出的所围区域的面积和周长。

(2)对象方式查询:激活对象(O)选项,命令行提示选择对象,对象可以是圆、椭圆、矩形等封闭对象,也可以是由封闭或不封闭的多段线构成。若对象不是封闭图形,在计算面积时认为该对象的第一点和最后一点间通过直线封闭,显示所围区域的面积;计算周长时显示实际长度,即不考虑对象第一点和最后一点间的距离。有宽度的多段线按中线计算面积与周长。

(3)增加面积(A):以累加求和的方式计算多个区域的总面积。

(4)减少面积(S):以累减的方式计算多个区域的总面积。一般与"增加面积(A)"选项联用,先在加模式下查询第一个区域的面积,再在减模式下查询第二个区域的面积,则总面积为第一个区域面积减去第二个区域面积的面积差。

3. 例题

查询图5-18所示的圆面积与三角形面积之差。

命令:_MEASUREGEOM
输入选项 [距离(D)/半径(R)/角度(A)/面积(AR)/体积(V)]
<距离> :_area
指定第一个角点或 [对象(O)/增加面积(A)/减少面积(S)/退出(X)]<对象(O)>:A(选择增加面积选项)
指定第一个角点或 [对象(O)/减少面积(S)/退出(X)]:O(对象方式查询)

图5-18 查询面积练习

("加"模式)选择对象:(鼠标点选圆)
面积=1256.6371,圆周长=125.6637
总面积=1256.6371(自动显示圆的面积、周长)
("加"模式)选择对象:(确定键)
面积=1256.6371,圆周长=125.6637
总面积=1256.6371
指定第一个角点或 [对象(O)/减少面积(S)/退出(X)]:S(选择减少面积选项)
指定第一个角点或 [对象(O)/增加面积(A)/退出(X)]:(拾取选择三角形第一个角点)
("减"模式)指定下一个点或 [圆弧(A)/长度(L)/放弃(U)]:(拾取选择三角形第二个角点)
("减"模式)指定下一个点或 [圆弧(A)/长度(L)/放弃(U)]:(拾取选择三角形第三个角点)
("减"模式)指定下一个点或 [圆弧(A)/长度(L)/放弃(U)/总计(T)]<总计>:(确定键显示三角形面积、周长及圆与三角形面积之差)
面积=748.2459,周长=124.7077
总面积=508.3911
指定第一个角点或 [对象(O)/增加面积(A)/退出(X)]:* 取消 *(退出命令)

六、查询对象质量特性

查询对象质量特性用于查询面域或实体的质量特性,如面积、质心、边界框等。单击菜单栏上的"工具"→"查询"→"质量特性"或在命令行中输入"MASSPROP",执行查询对象质量特性的操作。

激活查询对象质量特性命令后,选择对象并确定,将打开文本窗口,显示了对象的面积、周长、边界框、质心、旋转半径等质量特性信息,如图 5-19 所示。

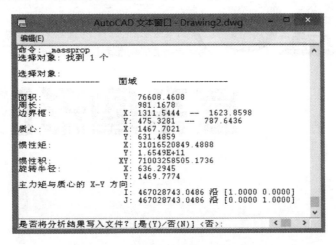

图 5-19　查询对象质量特性文本窗口

七、查询对象列表

单击菜单栏上的"工具"→"查询"→"列表"或在命令行中输入"LIST",执行查询对象列表操作。激活查询列表命令后,选择对象并确定,将打开文本窗口,显示了对象各点坐标值、长度、宽度、位置、图层等信息。图 5-20 所示为直线的列表查询结果。

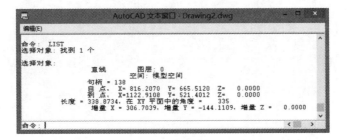

图 5-20　查询对象列表文本窗口

1. 用于精确绘图的辅助工具包括哪些?
2. 极轴追踪设置时的附加角和增量角有什么区别?
3. 动态输入的作用是什么?
4. 查询工具可以查询对象的哪些特性?

学习情境 6 复杂图形的创建

任务 1 多段线绘制与编辑

多段线是有宽度的连续直线、圆弧相连接的线段序列。

一、多段线的绘制

1. 激活方式

(1) 功能区面板:"常用"→"绘图"→"多段线"。
(2) 菜单栏:"绘图"→"多段线"。
(3) 工具栏:单击"绘图"工具栏上的图标。
(4) 命令行:输入"PLINE"或"PL"。

2. 例题

多段线绘制半圆形钢筋,如图 6-1 所示。

图 6-1 多段线绘制半圆形钢筋

```
命令:_pline
指定起点:(指定起点 1)
当前线宽为 0.0000
指定下一个点或 [圆弧(A)/半宽(H)/长度(L)/放弃(U)/宽度(W)]:W(选择宽度选项)
指定起点宽度 <0.0000>:45(指定起点宽度)
指定端点宽度 <0.0000>:45(指定端点宽度)
指定下一个点或 [圆弧(A)/半宽(H)/长度(L)/放弃(U)/宽度(W)]:(指定点 2)
指定下一点或 [圆弧(A)/闭合(C)/半宽(H)/长度(L)/放弃(U)/宽度(W)]:A(选择圆弧选项)
指定圆弧的端点或
[角度(A)/圆心(CE)/闭合(CL)/方向(D)/半宽(H)/直线(L)/半径(R)/第二个点(S)/放弃(U)/宽度(W)]:(指定圆弧端点 3)
指定圆弧的端点或
[角度(A)/圆心(CE)/闭合(CL)/方向(D)/半宽(H)/直线(L)/半径(R)/第二个点(S)/放弃(U)/宽度(W)]:L(选择直线命令)
指定下一点或 [圆弧(A)/闭合(C)/半宽(H)/长度(L)/放弃(U)/宽度(W)]:(指定点 4)
指定下一点或 [圆弧(A)/闭合(C)/半宽(H)/长度(L)/放弃(U)/宽度(W)]:(确定键结束命令)
```

3. 选项说明

(1) 圆弧(A):绘制圆弧的方式创建多段线。
(2) 宽度(W):多段线的宽度。
(3) 半宽(H):半宽是多段线宽度的一半。
(4) 长度(L):多段线直线段的长度。选择该选项,将以输入的长度沿上一段直线方向绘制直线段。若上一段是圆弧,则该直线的方向是上一段圆弧端点的切线方向。

二、多段线的编辑

1. 激活方式

(1) 功能区面板:"常用"→"修改"→"编辑多段线"。

(2) 菜单栏:"修改"→"对象"→"多段线"。

(3) 命令行:输入"PEDIT"或"PE"。

(4) 快捷菜单:选择要编辑的多段线,在绘图区单击鼠标右键,从弹出的快捷菜单中选择"多段线编辑"命令。

2. 步骤

执行以上任意一种操作后,命令行提示及操作如下:

命令:_pedit
选择多段线或 [多条(M)]:
输入选项 [闭合(C)/合并(J)/宽度(W)/编辑顶点(E)/拟合(F)/样条曲线(S)/非曲线化(D)/线型生成(L)/反转(R)/放弃(U)]:

3. 选项说明

(1) 多条(M):实现不止一条多段线的编辑。若所选对象不是多段线,命令行会提示是否将直线、圆弧和样条曲线转换为多段线?[是(Y)/否(N)]?<Y>,若选择是,按确定键则对象转换为多段线。

(2) 合并(J):选中的多段线为主体,合并其他多段线、直线段或圆弧,使其成为一条多段线。

(3) 宽度(W):修改多段线宽度。

(4) 编辑顶点(E):实现多段线顶点的编辑,如插入顶点、移动顶点、修改任意两点间的线宽等操作。

(5) 拟合(F):使指定多段线生成光滑圆弧连接成的圆弧拟合曲线,该曲线经过多段线的各顶点。

(6) 样条曲线(S):以选定多段线的各顶点作为控制点生成样条曲线。

(7) 非曲线化(D):以直线代替选定的多段线中的圆弧。

任务 2 多线绘制与编辑

多线是一种复合线,能绘制由直线段组成的平行复合线,这些平行线称为元素,元素可由1~16条构成。多线多用于绘制平面中的梁和墙体。

一、多线的绘制

1. 激活方式

(1) 菜单栏:"绘图"→"多线"。

(2) 命令行:输入"MLINE"。

2. 步骤

执行以上任意一种操作后,命令行提示及操作如下:

```
命令:_mline
当前设置:对正=上,比例=20.00,样式=STANDARD
指定起点或 [对正(J)/比例(S)/样式(ST)]:(指定起点)
指定下一点:(指定下一点)
指定下一点或 [放弃(U)]:(继续指定下一点。选择放弃选项,则放弃前一段的绘制;也可以确定键直接结束命令)
指定下一点或 [闭合(C)/放弃(U)]:(继续指定下一点,选择闭合选项,能使所绘制的多线闭合,同时命令结束)
```

3. 选项及操作说明

(1) 对正(J):绘制多线的对齐基准。共有3种对正类型:"上""无""下"。"上"表示从左至右绘制时,多线最顶端的线将随光标点移动;"无"表示从左至右绘制时,多线中心线将随光标点移动;"下"表示从左至右绘制时,多线最底端的线将随光标点移动。

(2) 比例(S):所绘制多线的宽度相对于多线定义宽度的比例因子。输入值为0时,平行线重合;输入负值时,多线的排列倒置。该比例不影响多线的线型比例。

(3) 样式(ST):指定当前使用的多线样式。默认为标准型(STANDARD)。选择该选项,命令行提示"输入多线样式名或[?]:",可直接输入多线的样式名称,或输入"?"显示所有已定义的多线样式名。

(4) 绘制的每条多线都是一个完整的整体,不能对其进行偏移、倒角、剪切等编辑操作,只能用分解命令将其分解成多条直线后再编辑。

二、多线的设置

使用多线之前,应对组成多线的平行线数量,每条单线的偏移距离、颜色、线型等进行设置。

1. 激活方式

(1) 菜单栏:"格式"→"多线样式"。
(2) 命令行:输入"MLSTYLE"。

2. 步骤

激活该命令后,弹出图6-2所示的"多线样式"对话框。单击"新建"按钮,打开"创建新的多线样式"对话框,在"新样式名"中输入多线样式名"墙体",单击"继续"按钮,打开"新建多线样式:墙体"对话框,按图6-3所示对多线样式进行设置。

完成上述操作后,单击"确定"按钮,回到"多线样式"对话框,选择新建多线样式名称,单击"置为当前",绘制多线时将以该样式绘制。单击"修改"按钮,在其中可对指定样式各选项进行修改。选择一种多线样式,单击"保存"按钮,在"保存多线样式"对话框中可将多线样式保存(格式类型后缀.mln),单击"加载"按钮,在打开的"加载多线样式"对话框中单击"文件"按钮,可调出已经保存的多线样式。完成多线样式设置后,单击"确定"按钮可退出"多线样式"对话框。

图6-2 "多线样式"对话框　　　　图6-3 "新建多线样式:墙体"对话框

3. 新建多线样式对话框参数说明

(1)"说明"文本框:输入多线样式的说明信息。

(2)"封口"选项组:设置多线两端封口的样式。

- "直线":多线端点由垂直于多线的直线封口,如图6-4(a)所示。
- "外弧":多线以外侧端点相连构成向外凸出的弧形线封口,如图6-4(b)所示。
- "内弧":多线以内侧端点相连构成向外凸出的弧形线封口,如图6-4(c)所示。

(3)"填充"选项组:设置多线的填充颜色。

(4)"显示连接":显示或隐藏多线顶点处的连接线,如图6-4(d)所示。

(5)"图元"选项组:构成多线的每一条直线。通过单击"添加""删除"按钮添加或删除多线的构成元素。

- "偏移":多线元素从中线的偏移量,正值表示向上偏移,负值表示向下偏移。
- "颜色":组成多线元素的直线线条颜色。
- "线型":组成多线元素的直线线条线型。

图6-4 多线封口形式

三、多线的编辑

1. 激活方式

(1)菜单栏:"修改"→"对象"→"多线"。

(2)命令行:输入"MLEDIT"。

(3)双击需要编辑的多线。

2. 步骤

执行上述任意操作,弹出"多线编辑工具"对话框,如图 6-5 所示。选中需要的多线编辑工具,将返回绘图区,按顺序选择需要修改的多线,完成多线编辑。

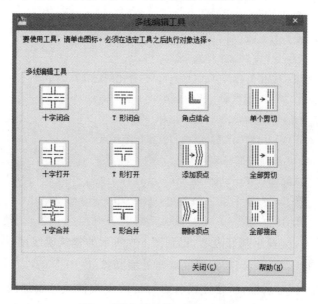

图 6-5 "多线编辑工具"对话框

3. 多线编辑工具各项含义

(1)十字闭合:两条多线相交为闭合的十字交点,选择的第一条多线被修剪,第二条多线保持原状。

(2)十字打开:两条多线相交为开放的十字交点,选择的第一条多线的内部和外部元素都被打断,第二条多线的外部元素被打断。

(3)十字合并:两条多线相交为合并的十字交点,选择的第一条多线和第二条多线都被修剪到交叉的部分。

(4)T形闭合:两条多线相交为闭合的T形交点。选择的第一条多线被修剪,第二条多线保持原状。

(5)T形打开:两条多线相交为开放的T形交点。

(6)T形合并:两条多线相交为合并的T形交点。

(7)角点结合:两条多线相交为角点连接。

(8)添加顶点:在多线上添加一个顶点。

(9)删除顶点:删除多线上的顶点,使其成为直的多线。

(10)单个剪切:用于切断多线中的一条,只需要拾取要切断的多线某一条上的两点。

(11)全部剪切:通过两个拾取点使多线的所有线都间断。

(12)全部接合:可以重新显示所选两点间的任何切断部分。

4. 例题

用多线绘制一间长 9.0 m、宽 6.9 m、墙厚为 240 mm 的泵房大样的平面建筑框图。

(1) 按照图 6-3 所示的参数设置多线样式,命名为"墙体";接着激活多线进行绘制:

```
命令:_mline
当前设置:对正=上,比例=20.00,样式=墙体
指定起点或 [对正(J)/比例(S)/样式(ST)]:J(选择对正选项)
输入对正类型 [上(T)/无(Z)/下(B)] <上>:Z(对正类型选无)
当前设置:对正=无,比例=20.00,样式=墙体
指定起点或 [对正(J)/比例(S)/样式(ST)]:S(选择比例选项)
输入多线比例 <20.00>:240(输入比例240)
当前设置:对正=无,比例=240.00,样式=墙体
指定起点或 [对正(J)/比例(S)/样式(ST)]:(指定第一点)
指定下一点:@6900,0(输入下一点坐标)
指定下一点或 [放弃(U)]:@0,9000(输入下一点坐标)
指定下一点或 [闭合(C)/放弃(U)]:@-6900,0(输入下一点坐标)
指定下一点或 [闭合(C)/放弃(U)]:C(选择闭合选项)
```

绘制得到建筑外墙,接着绘制好隔墙,得到图 6-6 所示的建筑墙线图。

(2) 用多线编辑工具"T 形合并"编辑隔墙与外墙交接处。

(3) 打开"多线样式"对话框,新建样式名为"窗"的多线样式。添加两个新元素,偏移值、封口样式按图 6-7 设置,再将此样式置为当前。执行多线绘制命令,在墙的适当位置绘制宽度为 1800 mm 的窗,如图 6-8 所示。

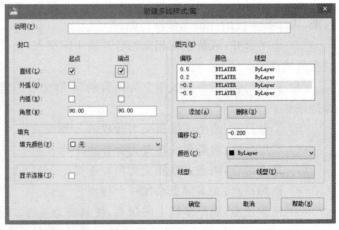

图 6-6　多线绘制墙线　　　　　　　　图 6-7　"新建多线样式:窗"对话框

(4) 用多线编辑工具中的"全部剪切"将墙线截断,间距为 1800 mm,表示水泵房的大门。绘

制完成的水泵房大样建筑框图如图 6-9 所示。

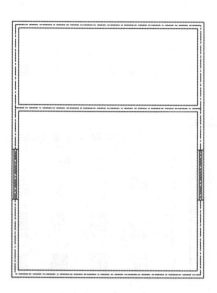

图 6-8　多线绘制窗

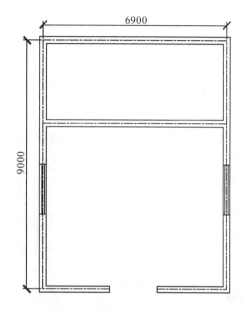

图 6-9　水泵房大样建筑框图

任务 3　图案填充

图案填充是用某种图案填充图形中的指定封闭区域,可象征性地表示剖面图、断面图等的材质(如沙子、混凝土等),用途广泛。

一、创建图案填充

1. 激活方式

(1) 功能区面板:"常用"→"绘图"→"图案填充"。

(2) 菜单栏:"绘图"→"图案填充"。

(3) 工具栏:单击"绘图"工具栏上的图标 。

(4) 命令行:输入"BHATCH"。

2. 步骤及选项说明

执行上述任意操作后,弹出"图案填充和渐变色"对话框,如图 6-10 所示,各选项功能如下:

1)"图案填充"选项卡

(1)"类型和图案"选项区域:

a."类型"下拉列表框:"预定义"表示选用 CAD 标准图案文件中的填充图案;"用户定义"表示用户要临时定义填充图案;"自定义"表示使用用户事先定义好的图案。

b."图案"下拉列表框:用于设置填充的图案。当在"类型"下拉列表框中选择"预定义"后,该下拉列表框才能使用,也可单击其后的按钮，在弹出的"填充图案选项板"对话框中,如图 6-11 所示,选择需要填充的图案。

 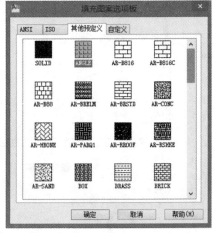

图 6-10 "图案填充"选项卡　　　　图 6-11 "填充图案选项板"对话框

c."样例":给出样板图案样例。

d."自定义图案":当在"类型"下拉列表框中选择"自定义"后,该下拉列表框才能使用,也可单击其后的按钮，在弹出的"填充图案选项板"对话框的"自定义"选项卡中选择需要填充的图案。

(2)"角度和比例"选项区域:

a."角度"下拉列表框:用于设置填充图案旋转角度,每种图案在定义时旋转角度都为 0。

b."比例"下拉列表框:用于设置图案填充时的比例值。每种图案在定义时的初始比例为 1,用户可以根据需要放大或缩小。

c."双向"复选框:确定用户临时定义的填充线是一组平行线,还是相互垂直的两组平行线。只有在"类型"下拉列表框中选中"用户定义"后,该选项才可使用。

d."相对图纸空间"复选框:确定是否相对图纸空间单位来确定填充图案的比例值。选中该复选框后,可按照适合于版面布局的比例方便地显示填充图案,仅在图形版面编排时使用。

e."间距"文本框:用于设置填充平行线之间的距离,当在"类型"下拉列表框中选择"用户定义"选项时,该选项才可用。

f."ISO 笔宽"下拉列表框:用于设置笔的宽度,当填充图案采用 ISO 图案时,该选项才可用。

(3)"图案填充原点"选项区域:

a."使用当前原点"单选按钮:选择该单选按钮,可以使用当前 UCS 的原点(0,0)作为图案填充原点。

b."指定的原点"单选按钮：选择该单选按钮,可以通过指定点作为图案填充原点。其中,单击"单击以设置新原点"按钮,可以从绘图窗口选择某一点作为图案填充原点；选择"默认为边界范围"复选框,可以填充边界的左下角、右下角、右上角、左上角或正中作为图案填充原点；选择"存储为默认原点"复选框,可将指定的点存储为默认图案填充原点。如图 6-12 所示,图案为预定义 BRICK,角度 32,比例为 1,使用指定填充边界左下角为填充原点,左下角砖块完整填充。

(4)"边界"选项区域：

a."添加:拾取点"按钮：以拾取点的形式自动确定填充区域的边界。在填充的区域内任意拾取一点,系统会自动确定出包围该点的封闭填充边界,并且以高亮度显示。

b."添加:选择对象"按钮：以选择对象的方式确定填充区域的边界。用户可以根据需要选取构成填充区域的边界。同样,被选择的边界也会亮显。

c."删除边界"：从已定义的边界中删除已添加的边界。

d."重新创建边界"：围绕选定的填充图案或填充对象创建多段线或面域。如图 6-13(a)所示,边界丢失,重新选择边界后,效果如图 6-13(b)所示。

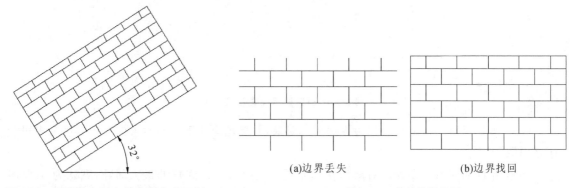

图 6-12　图案填充原点的选择方式示例　　　　图 6-13　重新选择边界

e."查看选择集"：查看已定义的填充边界。单击该按钮,切换到绘图窗口,已定义的填充边界将被亮显。

(5)"选项"区域：

a."注释性"复选框：指定填充图案为注释性。

b."关联"复选框：若选中此复选框,填充图案将与填充边界保持着关联关系,即图案填充后,当用夹点功能对边界进行拉伸等编辑操作时,会根据边界的新位置重新生成填充图案。如图 6-14 所示,原图、关联、取消关联后的效果。

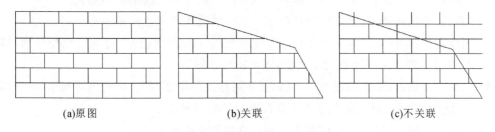

图 6-14　关联与不关联效果比较

c."创建独立的图案填充"复选框:用于创建独立的图案填充。

(6)"绘图次序"下拉列表框:指定图案填充的顺序。图案填充可以放在所有其他对象之后、所有其他对象之前、图案填充边界之后或图案填充边界之前。

(7)"孤岛"选区:

a."孤岛检测"复选框:指定是否把在内部边界中的对象包括为边界对象。这些内部对象称为孤岛。

b."孤岛显示样式"栏:用于设置孤岛的填充方式。当指定填充边界的拾取点位于多重封闭区域内部时,需要在此选择一种填充方式。如果选中"普通"单选按钮,将从最外层的外边界向内边界填充,第一层填充,第二层不填充,第三层填充,如此交替进行,直到选定边界被填充完毕为止;选中"外部"单选按钮,将只填充从最外层边界向内第一层边界之间的区域;选中"忽略"单选按钮,则忽略内边界,最外层边界的内部将全部填充。三种孤岛显示样式效果对比如图 6-15 所示。

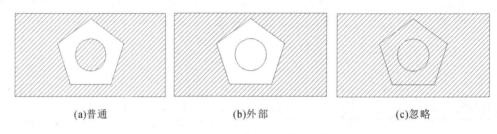

图 6-15 孤岛显示样式效果对比

(8)"边界保留":指定是否将边界保留为对象,并确定应用于这些对象的对象类型是多段线还是面域。

(9)"允许的间隙":设置将对象用作填充图案边界时可以忽略的最大间隙,默认为 0,此时指定对象必须是封闭区域而没有间隙。

(10)继承特性选区:

a."继承特性"选项:选用图中已有的填充图案作为当前的填充图案。

b."继承选项"选项组:使用"继承特性"创建填充图案时,控制图案填充原点的位置。

2)"渐变色"选项卡

创建具有渐变色彩的填充图案的方法与前面介绍的创建普通填充图案的方法基本相同,如图 6-16 所示。"渐变色"选项卡各选项含义如下:

(1)"单色"单选按钮:可创建从较深色调到较浅色调平滑过渡的单色填充。

(2)"双色"单选按钮:可创建在两种颜色之间平滑过渡的双色渐变填充。

(3)渐变图案区域:该区域显示了用于渐变填充的 9 种固定图案,包括线性扫掠状、球状和抛物面状图案等。单击某种图案的示例框,即可使用该图案。

(4)"居中"复选框:选中该复选框,可以创建对称性的渐变配置;取消该复选框,渐变填充将从右下方向左上方变化,创建出光源从对象右边照射的图案效果。

(5)"角度"下拉列表框:用于设置渐变填充时颜色的填充角度。

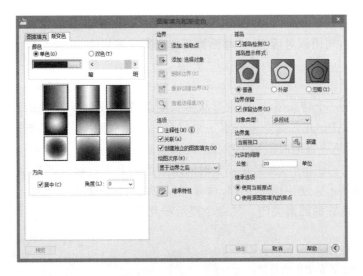

图 6-16 "渐变色"选项卡

二、编辑图案填充

1. 激活方式

(1) 功能区面板:"常用"→"修改"→"编辑图案填充"。
(2) 菜单栏:"修改"→"对象"→"图案填充"。
(3) 命令行:输入"HATCHEDIT"或"HE"。
(4) 双击已填充好的图案。

2. 步骤

执行上述任意操作,将打开"图案填充编辑"对话框,如图 6-17 所示。

图 6-17 "图案填充编辑"对话框

只有正常显示的选项,才可以对其进行操作。该对话框中各项的含义与"图案填充和渐变色"对话框中的一致,利用该对话框,可对已填充的图案编辑修改。

3. 说明

(1) 填充图案是一个特殊图块,无论形状多么复杂,它都是一个单独的对象,为满足特殊编辑要求,可以执行 EXPLODE 命令来分解一个已存在的关联图案。图案被分解后,它将不再是一个单一的对象,而是一组组成图案的线条。

(2) 在绘制较大的图形时,就需花较长时间来等待图形中的填充图形生成,此时可关闭"填充"模式,从而提高显示速度。执行 FILL 命令可以控制填充图案的可见性,但执行该命令后,需重生成视图才可将填充的图案关闭。其命令提示行及操作如下:

```
命令:FILL
输入模式 [开(ON)/关(OFF)] <开>:OFF
命令:_regen 正在重生成模型。
```

三、例题

绘制图 6-18 所示的沥青混凝土路面结构图。

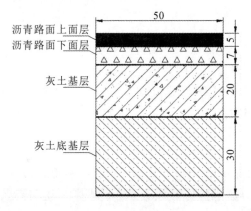

图 6-18 图案填充练习

1. 矩形命令绘制填充边界

```
命令:_rectang
指定第一个角点或 [倒角(C)/标高(E)/圆角(F)/厚度(T)/宽度(W)]:(左下角点为第一角点)
指定另一个角点或 [面积(A)/尺寸(D)/旋转(R)]:@50,30
```

重复矩形命令,绘制其他矩形。

2. 选择合适的图案填充

灰土底基层的填充图案为 SACNCR;灰土基层的填充图案有两种,分别为 AR-CONC 和 ANSI31;沥青路面下面层的填充图案为 TRIANG;沥青路面上面层的填充图案为 SOLID。

任务 4 块

块是一个或多个对象组成的对象集合,也叫图块,多用于绘制重复、复杂的图形。用户可根据绘图需要将图块插入绘图区中的任意位置,且可以在插入时进行不同的比例和角度的旋转等操作。因此,图块的使用提高了绘图效率,节省了存储空间。

一、创建块

在 AutoCAD 中,图块分为内部图块和外部图块两类。内部图块:只能在定义它的图形文件中调用,它是跟随定义它的图形文件一起保存的,存储在图形文件内部,而不能在其他文件中使用。外部图块:又称外部图块文件,它以文件的形式保存在计算机中。外部图块与定义它的图块文件没有任何关联。我们可以根据外部图块特有的功能,随时将其调用到其他图形文件中。

(一) 内部图块的创建

1. 激活方式

(1) 功能区面板:"常用"→"块"→"创建"。
(2) 菜单栏:"绘图"→"块"→"创建"。
(3) 工具栏:单击"绘图"工具栏上的图标 。
(4) 命令行:输入"BLOCK"或"B"。

2. 步骤

执行上述任意一种操作后,将打开"块定义"对话框,如图 6-19 所示,创建内部图块的操作就在该对话框中完成。具体步骤:

(1) 在"名称"文本框中输入要定义的图块名称。
(2) 单击"对象"栏中的"选择对象"按钮,返回绘图区,选择绘图区中需要定义为块的图形。按【Enter】键返回"块定义"对话框,此时在"名称"文本框右侧将显示在绘图区中选择的图形。
(3) 单击"基点"栏中的"拾取点"按钮,返回绘图区,指定一点作为图块的基点。指定基点后系统自动返回"块定义"对话框,并在"基点"栏的"X:""Y:"和"Z:"文本框中显示基点的坐标。
(4) 在"设置"栏的"块单位"下拉列表框中选择通过设计中心拖放块到绘图区时的缩放单位,默认"毫米"选项。在"说明"文本框中可输入该图块的说明文字。单击"确定"按钮,即可完成该图块的定义。

3. 选项说明

"块定义"对话框的"对象"栏中各个单选按钮的含义如下。

(1)"保留"单选按钮:定义为图块的源对象仍然以原格式保留在绘图区中。

(2)"转换为块"单选按钮:在定义内部图块后,绘图区中被定义为图块的源对象同时被转换为图块。

(3)"删除"单选按钮:定义内部图块后,将删除绘图区中被定义为图块的源对象。

(二)外部图块的创建

外部图块不依赖于当前图形,可以在任意图形文件中调用并插入。

1. 创建方法

在命令行中输入 WBLOCK 或 W 命令。执行 WBLOCK 命令后,将打开图 6-20 所示的"写块"对话框,在该对话框中即可完成外部图块的创建。

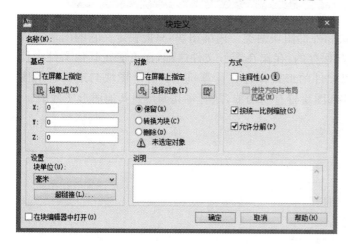
图 6-19 "块定义"对话框

图 6-20 "写块"对话框

2. 步骤

(1)在"源"栏中,确定要保存为图形文件的图块或图形对象。若选中"块"单选按钮,单击右侧的下拉箭头,在其中选择一个图块,则将其保存为外部图块。若选中"整个图形"单选按钮,则把当前的整个图形保存为外部图块。若选中"对象"单选按钮,则把不属于图块的对象保存为外部图块,方法是单击"对象"栏中的"选择对象"按钮,然后在绘图区中选择需要创建为外部图块的图形对象,按【Enter】键返回到对话框中。

(2)在"基点"栏中,单击"拾取点"按钮,指定基点。

(3)单击"目标"栏中的按钮 ... ,打开"浏览图形文件"对话框,设置图形文件的保存路径,单击"保存"按钮,返回到"写块"对话框中,单击"确定"按钮。

二、插入块

被创建成功的图块,可以在实际绘图时根据需要插入图形中使用。

1. 激活方式

内部图块或外部图块,都可以通过以下方式激活插入命令:
(1) 功能区面板:"常用"→"块"→"插入"。
(2) 菜单栏:"插入"→"块"。
(3) 工具栏:单击"绘图"工具栏上的图标 。
(4) 命令行:输入"INSERT"或"I"。

2. 步骤

执行以上任意操作,将打开"插入"对话框,如图 6-21 所示。

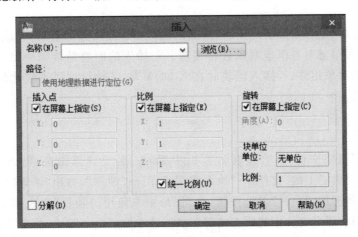

图 6-21 "插入"对话框

若是内部图块,可以直接在"名称"下拉列表中选择块名称进行插入;若是外部图块,需要单击"浏览"按钮,在打开的"选择图形文件"对话框中找到需要插入的外部图块或图形进行插入。

3. 选项及操作说明

(1) "名称":指定插入图块的名称。
(2) "插入点"选项组:指定插入点,插入图块时该点与图块的基点重合。可用鼠标在绘图区指定该点,也可通过下面的文本框输入该点坐标值指定。
(3) "比例"选项组:指定插入图块时的缩放比例。可以在屏幕上指定,也可以在"比例"选项组中输入 X 轴、Y 轴、Z 轴比例值。比例可以选用统一的值来缩放,X 轴、Y 轴、Z 轴比例也可不同(若选用不同比例,需要在创建图块时把"块定义"对话框"方式"选项组中"按统一比例缩放"的钩去掉)。另外,比例系数还可以是负值,此时表示插入图块的镜像。
(4) "旋转"选项组:指定插入图块的旋转角度。可以在"角度"文本框中直接输入角度,若选中"在屏幕上指定"复选框,将切换到绘图区输入角度值,也可以用鼠标在屏幕上拾取一点,AutoCAD 会自动测量插入点与该点的连线与 X 轴正方向间的夹角,并将其作为插入块时的旋转角度。
(5) "分解"复选框:选中此项,在插入图块的同时将其分解,插入图形中的组成块的对象不再是一个整体,因此能对每个对象进行单独的编辑操作。

三、块的编辑与修改

1. 块的重命名

若是外部图块文件,可直接在保存目录中对该图块文件进行重命名;若是内部图块,可在命令行中输入"RENAME"或选择菜单栏上的"格式"→"重命名",在弹出的"重命名"对话框中更改图块的名称,如图 6-22 所示。

2. 块的分解

执行分解命令后,选择要分解的图块,按确定键即可。图块被分解后,组成它的各个元素将变成单独的对象,可单独对各组成对象进行编辑。若插入的图块是以统一比例方式插入的,则分解后成为原始的对象组件;若插入图块时在 X 轴、Y 轴、Z 轴设置了不同比例,则分解后的对象比例会发生变化。

3. 图块的删除

若图块为外部图块文件,可直接在计算机中删除。若是内部图块,可以采用命令行输入"PURGE"或选择菜单栏上的"文件"→"绘图实用程序"→"清理",弹出"清理"对话框,如图 6-23 所示。选中"查看能清理的项目"单选按钮,在"图形中未使用的项目"列表框中双击"块"选项,展开此项将显示当前图形文件中的所有内部图块。选中要删除的图块,单击"清理"按钮。

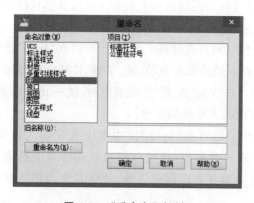

图 6-22 "重命名"对话框

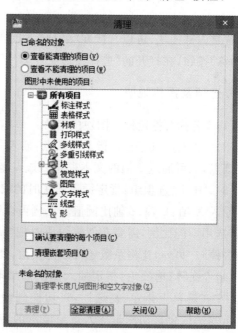

图 6-23 "清理"对话框

4.块的重定义

分解后的图块组成元素编辑完成后,重新执行创建块命令时可以选择源图块名称创建,或者其他块或图形也可用已有的块名,覆盖源图块,实现块的重定义。

四、块的属性

块的属性是附加在块对象上的各种文本数据。创建图块时,将已定义的属性与图形一起生成块,在插入图块时,图块属性将会一起插入,提高绘图效率。

1.定义块的属性

1）激活方式

（1）功能区面板:"常用"→"块"→"定义属性"。

（2）菜单栏:"绘图"→"块"→"定义属性"。

（3）命令行:输入"ATTDEF"。

2）步骤

执行上述任意操作,将弹出"属性定义"对话框,如图6-24所示,在其中可以定义块的属性。

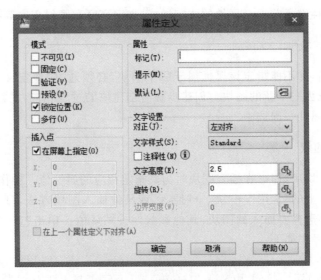

图6-24 "属性定义"对话框

3）选项及操作说明

（1）"模式"选项组用于确定属性的模式。

a."不可见"复选框:选中此复选框,则属性为不可见显示方式,即插入图块并输入属性值后,属性值在图中并不显示出来。

b."固定"复选框:选中此复选框,则属性值是一个常量。

c."验证"复选框:在插入图块时系统将对用户输入的属性值给出校验提示,以确认输入的属性值是否正确。

d."预设"复选框:在插入图块时将直接以图块默认的属性值插入。

e."锁定位置"复选框:选中此复选框,当插入图块时,AutoCAD锁定块参照中属性的位置,解锁后,属性值可以相对于使用夹点编辑的块的其他部分进行移动,且可以调整多行属性值的大小。

f."多行"复选框:指定属性值可以包含多行文字。选中此复选框后,可以指定属性值的边界宽度。

(2)"属性"选项组:用于设置属性值。在每个文本框中,AutoCAD允许用户输入不超过256个字符。

a."标记"文本框:输入属性标签。属性标签可由除空格和感叹号以外的所有字符组成,AutoCAD自动把小写字母改为大写字母。

b."提示"文本框:输入属性提示。属性提示是插入图块时AutoCAD要求输入属性值的提示,如果不在此文本框内输入文本,则以属性标签作为提示。如果在"模式"选项组中选中"固定"复选框,即设置属性为常量,则不需设置属性提示。

c."默认"文本框:设置默认的属性值。

(3)"插入点"选项组:确定属性文本的位置。可以在插入时由用户在图形中确定属性文本的位置,也可在X、Y、Z文本框中直接输入属性文本的位置坐标值。

(4)"文字设置"选项组:设置属性文本的对正方式、文字样式、文字高度和旋转角度等。

(5)"在上一个属性定义下对齐"复选框:选中此复选框,表示把属性标签直接放在前一个属性的下面,而且该属性继承前一个属性的文字样式、文字高度和倾斜角度等特性。

2. 创建带属性的块

定义块的属性后,并不能指定该属性属于哪个图块,必须通过"块定义"对话框将图块和定义的属性重新定义成为一个新的图块。创建步骤与创建块的过程相同,注意选择要定义成块的对象或图形时,连同属性一起选中。

3. 插入带属性的块

创建带属性的图块后,即可在插入图块时为其指定相应的属性值。操作步骤如下:

通过功能区面板上的"常用"→"块"→"插入"或其他插入图块方法,打开"插入"对话框,在"名称"下拉列表框中选择要插入的图块,其他参数保持默认值。单击"确定"按钮,返回绘图区中,其命令行提示及操作如下:

```
命令:_insert
指定插入点或 [基点(B)/比例(S)/X/Y/Z/旋转(R)]:(在绘图区中拾取一点作为图块的插入点)
输入属性值(系统提示指定图块属性值)
输入坡度值<1%>:(输入图块属性值)
```

4. 编辑块的属性

插入带属性的图块后,还可以修改属性。

1) 激活方式

(1) 功能区面板:"常用"→"块"→"编辑属性"。

(2）菜单栏："修改"→"对象"→"属性"→"单个"。
(3）命令行：输入"EATTEDIT"。

2）步骤

执行以上任意一种操作，选择要编辑的块，将打开图 6-25 所示的"增强属性编辑器"对话框，利用它可以方便地编辑图块的属性、文字选项或特性等。

若在命令行中执行 DDATTE 或 ATTEDIT 命令来修改图块属性值，则在选择定义了属性的图块后，将打开图 6-26 所示的"编辑属性"对话框。在该对话框中为属性块指定新的属性值，而不能编辑文字选项或其他特性。

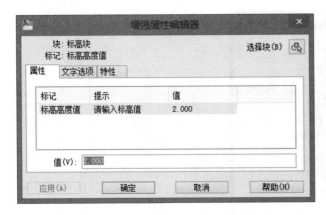 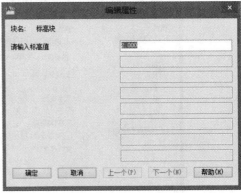

图 6-25 "增强属性编辑器"对话框　　　　图 6-26 "编辑属性"对话框

3）操作说明

另外，也可以通过下述方法编辑块的属性：

(1）功能区面板："常用"→"块"→"管理属性"。

(2）菜单栏："修改"→"对象"→"属性"→"块属性管理器"，打开图 6-27 所示的"块属性管理器"对话框，单击"编辑"按钮，弹出"编辑属性"对话框，如图 6-28 所示，通过该对话框编辑属性。

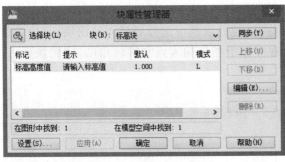 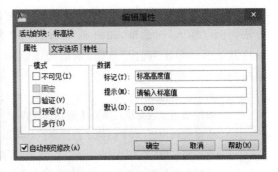

图 6-27 "块属性管理器"对话框　　　　图 6-28 "编辑属性"对话框

五、例题

创建带属性的标高符号并插入绘图区。

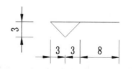

图 6-29　绘制标高符号图形

具体步骤如下。

(1) 利用直线命令绘制图 6-29 所示的标高符号图形。

(2) 设置当前文字样式为仿宋,高度为 3,宽度因子为 0.7。

(3) 定义图块属性:单击功能区面板上的"常用"→"块"→"定义属性"或使用其他方式打开"属性定义"对话框,如图 6-30 所示,设置模式为"验证",在"属性"选项组中输入相应属性值,选择适合的对正和文字样式,其他默认,单击"确定"按钮,关闭对话框。在绘图区标高符号上方位置单击,以确定该属性的放置位置,结果如图 6-31 所示。

图 6-30　"属性定义"对话框　　　　图 6-31　定义图块属性

(4) 创建带属性的图块:单击功能区面板上的"常用"→"块"→"创建",打开"块定义"对话框,如图 6-32 所示。在"名称"中输入"标高块",单击"基点"选项组中的"拾取点"按钮,拾取标高符号底部角点为基点,单击"选择对象"按钮,选中标高符号及其属性,单击"确定"按钮后退出对话框。

(5) 插入带属性的图块:单击功能区面板上的"常用"→"块"→"插入"或使用其他插入图块方法,打开"插入"对话框,如图 6-33 所示,在"名称"下拉列表框中选择要插入的图块,其他参数保持默认值。单击"确定"按钮,返回绘图区中,在屏幕上指定插入点和旋转角度,将图块插入。相应的命令行提示如下:

```
命令:_insert
指定插入点或 [基点(B)/比例(S)/旋转(R)]:(在绘图区中拾取一点作为图块的插入点)
指定旋转角度 <0> :(确定键选择默认角度)
输入属性值
请输入标高值 <0.000> :3.000(输入新的标高值)
验证属性值
请输入标高值 <0.000> :3.000(输入新的标高值)(确定键结束命令)
```

学习情境 6
复杂图形的创建

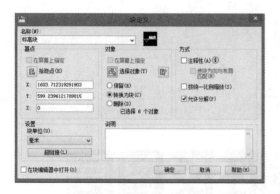

图 6-32　"块定义"对话框

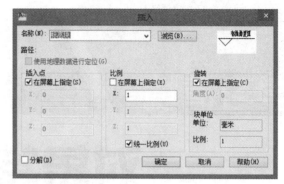

图 6-33　"插入"对话框

此时图中的"标高高度值"属性标记已经被输入的具体属性值代替，如图 6-34 所示。

图 6-34　输入的新值代替了属性标记

1. 什么是多段线？
2. 多线绘制时的对正方式有哪些？
3. 图案填充中的孤岛显示样式有哪几种，区别是什么？
4. 什么是块，块的作用是什么？

学习情境 7

对象特性及图层设置与管理

对象特性包括图层、颜色、线型、线宽、打印样式。其中,颜色、线型、线宽特性的默认设置为"ByLayer"(随层),打印样式的默认设置为"BYCOLOR"(随颜色),即打印时根据对象的颜色来区分其线宽、线型等效果。

任务 1 设置颜色

1. 激活方式

(1) 功能区面板:"常用"→"特性"→"颜色控制",在其下拉列表中选择"选择颜色"选项,如

图 7-1 所示,或直接选择需要的颜色。

(2) 菜单栏:"格式"→"颜色"。

(3) 工具栏:"特性"→"颜色控制",在其下拉列表中选择"选择颜色"选项,或直接选择需要的颜色。

(4) 命令行:输入"COLOR"。

2. 步骤

执行上述任意一种操作后都将打开图 7-2 所示的"选择颜色"对话框,在其中选择需要的颜色后单击"确定"按钮即可。

图 7-1 "颜色控制"下拉列表

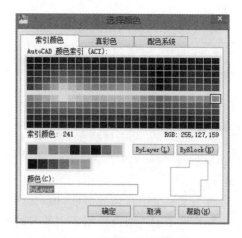

图 7-2 "选择颜色"对话框

任务 2 设置线型

1. 激活方式

(1) 功能区面板:"常用"→"特性"→"线型控制",在其下拉列表中选择"其他"选项,或直接选择需要的线型。

(2) 菜单栏:"格式"→"线型"。

(3) 工具栏:"特性"→"线型控制",在其下拉列表中选择"其他"选项,或直接选择需要的线型。

(4) 命令行:输入"LINETYPE"。

2. 步骤

执行以上任意一种操作后,将弹出"线型管理器"对话框,如图 7-3 所示。该对话框中显示了当前线型名称及已经加载的线型。选中某种线型后单击"当前"按钮,或双击某种线型,即可将其设置为当前线型。若需要加载新线型,在该对话框中单击"加载"按钮,在打开的"加载或重载线型"对话框(见图 7-4)中选择需要的线型,单击"确定"按钮即可。

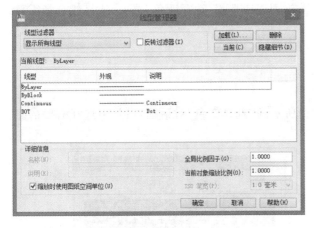

图 7-3 "线型管理器"对话框

图 7-4 "加载或重载线型"对话框

3. 选项说明

在"线型管理器"对话框中单击"显示细节"按钮,在该对话框下方显示的"详细信息"栏中各选项含义如下:

(1)"名称":显示当前线型的名称,用户也可自行修改名称。

(2)"全局比例因子":当前绘图区中所有对象线型的缩放比例。在对应文本框中输入比例因子等同于在命令行中输入"LTSCALE"命令更改线型比例。

(3)"当前对象缩放比例":更改当前线型在绘图区中的缩放比例。例如,当前线型缩放比例为3,全局比例为2,则当前线型在绘图区显示的比例为6。因此,常默认当前对象缩放比例为1,而只设置全局比例。

(4)"缩放时使用图纸空间单位":选中该复选框,表示按相同比例在图纸空间或模型空间中缩放线型。

任务 3 设置线宽

1. 激活方式

(1)功能区面板:"常用"→"特性"→"线宽控制",在其下拉列表中选择"线宽设置"选项,或直接选择需要的线宽。

(2)菜单栏:"格式"→"线宽"。

(3)工具栏:"特性"→"线宽控制",在其下拉列表中选择"线宽控制"选项,或直接选择需要的线宽。

(4) 命令行:输入"LWEIGHT"。

2. 步骤

执行上述任意一种操作后,将打开图 7-5 所示的"线宽设置"对话框,选择需要的线宽,单击"确定"按钮,完成设置。

3. 选项说明

"线宽设置"对话框中各选项含义如下:
(1) 在"线宽"列表框中显示了当前可用的线宽值。
(2) 在"调整显示比例"栏中滑动滑块可以调整所选线宽的初始显示宽度。更改显示比例不影响线宽的打印值。
(3) 在"列出单位"栏中可以设置线宽初始宽度的单位。
(4) 在"默认"下拉列表框中可选择系统默认线宽,即关闭显示线宽后屏幕上所显示的线宽。
(5) 选中"显示线宽"复选框,表示在绘图区中将显示出对象的线宽特性;若不选中该复选框,则所有对象将按默认线宽显示。但即使关闭线宽显示,也不会影响图形打印输出的效果。

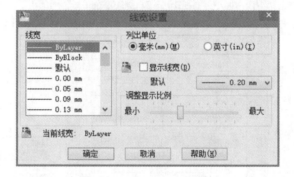

图 7-5 "线宽设置"对话框

任务 4 编辑对象属性

一、特性面板

在 AutoCAD 中可设置对象特性,也可编辑对象属性。

1. 激活方式

(1) 功能区面板:"视图"→"选项板"→"特性"。
(2) 菜单栏:"修改"→"特性"。

(3) 工具栏:单击"标准"工具栏上的图标。

(4) 命令行:输入"PROPERTIES"或"CH"或"MO"。

(5) 键盘快捷键【Ctrl+1】。

2. 步骤

执行上述任意一种操作后都将打开特性选项板。当没有选择对象时,特性选项板将显示当前状态的特性,如图7-6(a)所示。当选择对象后,特性选项板将显示选定对象的特性。选择的对象不同,特性选项板中显示的项目和内容也不同,如图7-6(b)所示。

当选择多个对象时,特性选项板将只显示这些对象的共同特性,这时可以在特性选项板顶部的下拉列表中选择一个特定类型的对象,在这个列表中还显示出当前所选择的每一种类型的对象的数量,如图7-7所示。

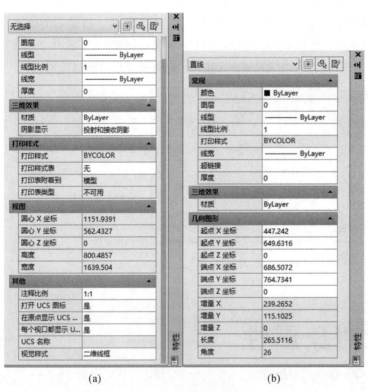

　　(a)　　　　　　　　　　　(b)

图 7-6　特性选项板　　　　　　　　　　图 7-7　在特性选项板下拉列表中选择特定类型的对象

单击某项参数的下拉列表,选择相应特性设置或在其参数的文本框中直接输入参数值可改变对象的特性设置。

二、匹配对象特性

将对象的特性如颜色、线宽、线型、图层等复制到其他对象上,使它们特性一致。

1. 激活方式

(1) 功能区面板:"常用"→"剪贴板"→"特性匹配"。
(2) 菜单栏:"修改"→"特性匹配"。
(3) 工具栏:单击"标准"工具栏上的图标 。
(4) 命令行:输入"MATCHPROP"或"MA"。

2. 例题

将图 7-8(b)所示的钢筋匹配成图 7-8(a)的特性,匹配后的效果如图 7-9 所示。

图 7-8 特性匹配练习

```
命令:_u MATCHPROP GROUP
命令:'_matchprop
选择源对象:(选择图 7-8(a)中的钢筋)
当前活动设置:颜色 图层 线型 线型比例 线宽 厚度 打印样式 标注 文字 填充图案 多段线 视口 表格 材质 阴影显示 多重引线
选择目标对象或 [设置(S)]:(选择图 7-8(b)中的钢筋)
选择目标对象或 [设置(S)]:(确定键结束命令)
```

图 7-9 特性匹配效果

3. 选项说明

设置(S):选择该选项,将弹出图 7-10 所示的"特性设置"对话框,可选择要匹配的特性,并单击"确定"按钮。

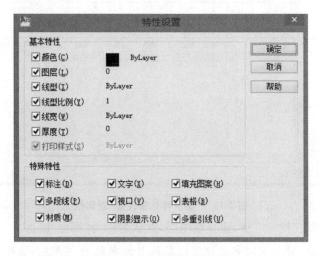

图 7-10 "特性设置"对话框

任务 5　图层的创建与控制

一个图层相当于一张透明纸，每一张透明纸上分别绘制不同的图形对象后，将这些透明纸叠放在一起，可形成一幅完整的图形。如在结构平面图中，将梁、柱、钢筋等对象分别绘制在不同图层上，以便在修改其中某个图层时，其他图层上的图形对象不受任何影响，极大地方便图形绘制与管理。

一、创建新图层

新建的 AutoCAD 文档中会自动创建一个名为"0"的特殊图层。默认情况下，图层"0"将被指定使用 7 号颜色、CONTINUOUS 线型、"默认"线宽以及 NORMAL 打印样式。可以根据需要创建新图层，并设置该图层所需特性。

1. 激活方式

（1）功能区面板："常用"→"图层"→"图层特性"。
（2）菜单栏："格式"→"图层"。
（3）工具栏：单击"图层"工具栏上的"图层特性管理器"图标。
（4）命令行：输入"LAYER"。

2. 步骤

执行上述任意一种操作后，系统打开"图层特性管理器"对话框，如图 7-11 所示。

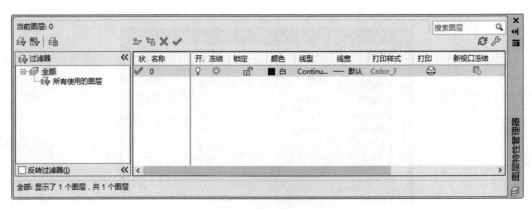

图 7-11　"图层特性管理器"对话框

（1）单击"新建图层"按钮，建立新图层，默认名称为"图层 1"。
（2）根据绘图需要，更改图层名。建议以某种对象名称命名图层，如中心线、轮廓线、墙体、给水管、污水管、阀门、文字、尺寸标注等。

(3) 单击相应图层颜色、线型、线宽和打印样式等特性,修改该层上对象的基本特性,方法同对象特性设置。

(4) 根据需要在一个图形中新建多个图层,图层特性管理器按名称的字母顺序排列图层。

3. 操作说明

(1) 在"图层特性管理器"对话框中,选定一个图层,单击"删除图层"按钮 ✖,可以将图层删除。但系统默认的"0"图层、当前图层、已经包含对象的图层不能删除。

(2) 单击"置为当前"按钮 ✔ 后,被选定的图层置为当前,图形对象将在当前图层上绘制。

二、控制图层

绘图中,通过打开与关闭、冻结与解冻、锁定与解锁等操作控制图层,从而提高绘图效率。

1. 打开与关闭图层

在"图层特性管理器"对话框中单击图标 💡,可以控制图层的可见性。在开的状态下,灯泡的颜色为黄色,图层上的图形可以显示,也可以打印输出。在关的状态下,灯泡为灰色,图层上的图形不能显示,也不能打印输出。

2. 冻结与解冻图层

在"图层特性管理器"对话框中单击图标 ☼,图标变为雪花 ❄ 时该图层是冻结状态,再次单击,恢复太阳状时该图层是解冻状态。冻结图层上的对象不能显示,也不能打印,同时也不能编辑修改。被解冻的图层上的图形对象能够显示,也能够打印输出,并且可以被编辑。冻结的图层不参与重生成计算且不显示在绘图区中,有利于减少系统重生成图形的时间。

3. 锁定与解锁图层

在"图层特性管理器"对话框中单击锁定列对应的图标 🔒 或图标 🔓,可以锁定或解锁图层。锁定图层后,该图层上的图形依然显示、可打印输出,也可以在该图层上绘制新的图形对象,但用户不能对该图层上的图形进行编辑修改操作。可以对当前图层进行锁定,也可以对锁定图层上的图形进行查询和对象捕捉操作。锁定图层可以防止对图形的意外修改。

4. 打印样式和打印

用户可以在打印样式列确定各图层的打印样式。但若使用的是彩色绘图仪,则不能改变这些打印样式。单击"打印"列对应的打印机图标,可以设置本图层上的对象是否被打印,这样可以实现在图层显示图形时,不打印该图层上的图形。此功能只对可见图层起作用,即只对没有关闭和没有冻结的图层起作用。

5. 新视口冻结

在新视口中冻结选定图层。如在所有新视口中冻结"标注"图层,将在所有新创建的布局视口中限制该图层上的标注显示,但不会影响现有视口中的"标注"图层。

三、改变对象所在图层

在实际绘图中,如果绘制完某图形对象后,发现并没有绘制在预先设置的图层上,可选中该图形对象,并在图层控制下拉列表框中选择预设图层名,然后按下【Esc】键来改变对象所在图层。

任务 6 设计中心

AutoCAD 设计中心是功能强大的图形组织管理工具,可以浏览、查找、管理 AutoCAD 图形,也可以将这些图形加载到当前图形中。图形中的图块、图层、标注样式、文字样式等也可以插入当前图形中,省时省力,尤其对同一个设计项目,不但能提高设计效率,还保障了图形对象间的一致性,规范设计标准。

1. 激活方式

(1) 功能区面板:"视图"→"选项板"→"设计中心"。

(2) 工具栏:单击"标准"工具栏上的"设计中心"图标 。

(3) 命令行:输入"ADC"。

(4) 快捷键:【Ctrl+2】。

执行以上任意操作后,将弹出图 7-12 所示的设计中心工作界面。

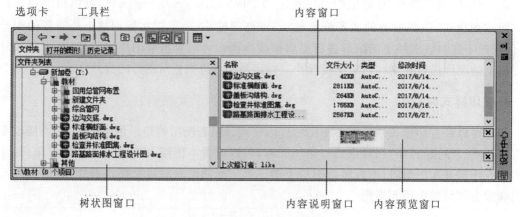

图 7-12 设计中心工作界面

2. 设计中心工作界面组成

设计中心工作界面主要由工具栏、选项卡、内容窗口、树状图窗口、预览窗口及说明窗口几部分组成。

1) 工具栏组成按钮

(1) 单击搜索 按钮,将打开"搜索"对话框,在该对话框中可对图形文件进行搜索。

(2) "收藏夹" 按钮:单击该按钮,可列出 AutoCAD 收藏夹。

(3) "主页"按钮 :用于返回刚打开"设计中心"选项板时的路径。

(4) "树状图切换"按钮 :默认情况下,单击可隐藏树状图窗口,再次单击该按钮则将显示树状图窗口。

(5) "预览"按钮 :单击该按钮,将隐藏预览窗口,再次单击,可预览在内容窗口选定的图形。

(6) 说明按钮 :预览的图形中附加的文字信息说明。

(7) "视图"按钮 :用于控制内容窗口中内容的显示方式。单击其后的下拉箭头,在弹出的菜单中即可对其进行设置,其中有大图标、小图标、列表和详细内容 4 种显示方式。

2) 树状图窗口

树状图窗口将文件夹、文件以及其他内容在计算机中的存储位置以树状结构显示出来。在设计中心的树状图窗口中可以很清楚地看到当前打开的内容在计算机中所处的位置。单击"+"或"-"可以显示或隐藏层次结构中的其他内容。双击某个文件可以显示其下一层次的内容。

3) 选项卡

默认有 3 个选项卡:

(1) "文件夹"选项卡:显示导航图标的层次结构。双击列表中的某个图形文件夹,可在"文件夹"选项卡中的树状图窗口中定位其中包含的图形文件并将其内容加载到内容区。

(2) "打开的图形"选项卡:显示当前打开所有图形的列表。

(3) "历史记录"选项卡:显示设计中心最近打开的文件列表。

4) 内容区

显示在树状窗口中选择项目的内容。内容区包括内容窗口、内容预览窗口、内容说明窗口。

3. 打开图形文件

(1) 按住 Ctrl 键的同时拖动内容窗口中的图形文件到绘图区即可打开该图形文件,相当于在原打开图形文件中插入该图形。

(2) 在内容窗口中用鼠标右键单击需要打开的图形文件,在出现的快捷菜单中选择"在应用程序窗口中打开"命令,如图 7-13 所示,即可打开该图形文件。

4. 向图形中添加内容

(1) 将内容窗口中需要的图形,或图形中的图块、图层、文字样式、标注样式等资源拖放到当

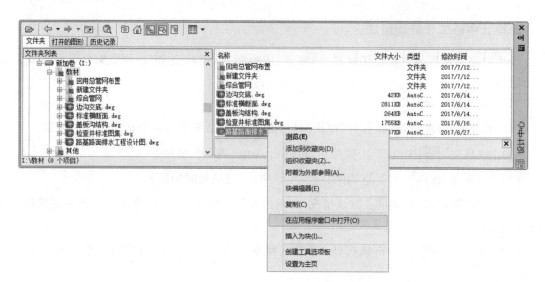

图 7-13　使用设计中心打开图形文件

前图形文件中,则相应资源会按照默认设置插入当前图形中。

(2) 双击内容区窗口中需要的图块、图形中的图层、文字样式、标注样式等资源,则当前文件中就会添加相应的资源。其中,双击块将打开"插入"对话框,继续按照插入块的方法插入当前图形文件中即可。

1. 怎样编辑对象的特性?
2. 什么是图层,图层的作用是什么?
3. 在图层特性管理器中,关闭图层和冻结图层有什么区别?
4. 设计中心有哪些作用?

学习情境 8 尺寸标注

一份完整的施工图纸包括了图形和注释两个部分。注释部分含有尺寸、文字说明、图形相关信息的符号。尺寸标注是一种图形的测量注释,用以测量和显示对象的长度、角度等测量值,是识别图形和质量验收的主要依据。

任务 1 尺寸标注组成

尺寸标注包括尺寸线、尺寸界线、尺寸起止符号、标注数字,如图 8-1 所示。尺寸各组成部分的具体要求在各专业工程制图标准中都有严格的规定。

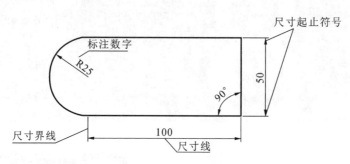

图 8-1　尺寸标注的组成

尺寸标注组成部分的含义如下。

(1) 尺寸线：通常与所标注对象平行，放在两尺寸界线之间，用于指示标注的方向和范围。通常尺寸线为直线，但在角度标注时，尺寸线则为一段圆弧。

(2) 尺寸界线：也称为延伸线，从被标注对象延伸到尺寸线。尺寸界线一般与尺寸线垂直，但在特殊情况下也可以将尺寸界线倾斜。

(3) 尺寸起止符号：显示在尺寸线的两端，表明测量的开始和结束位置。AutoCAD 提供了多种符号可供选择，用户也可以创建自定义符号作为尺寸起止符号。

(4) 标注数字：表示测量值。标注尺寸数字时，既可以使用 AutoCAD 自动测算的值，也可以使用自定义的文字替代。

任务 2　尺寸标注样式

在进行尺寸标注前，应先根据制图及尺寸标注相关规定设置标注样式。

1. 激活方式

(1) 功能区面板："常用"→"注释"→"标注样式"。

(2) 菜单栏："格式"→"标注样式"。

(3) 工具栏：单击"样式"工具栏上的图标 。

(4) 命令行：输入"DIMSTYLE"或"D"。

2. 步骤

执行上述任意一种操作后，弹出"标注样式管理器"对话框，如图 8-2 所示，从中可以设置新样式或修改已有标注样式中的相应参数。

3. 选项及操作说明

(1) 在"样式"列表中显示标注样式名。可通过"列出"设置显示的过滤条件，包括"所有样式"和"正在使用的样式"两个选项。

(2) 在"预览"和"说明"区域显示指定标注样式的预览图像和说明文字。

① 单击"置为当前"按钮可将选定的标注样式设置为当前样式。

② 单击"修改"按钮可修改指定的标注样式。

③ 单击"替代"按钮可为当前的样式创建样式替代。样式替代可以在不改变原样式设置情况下，暂时采用新的设置来控制标注样式。如果删除了样式替代，则可继续使用原样式设置。

④ 单击"比较"按钮会弹出"比较标注样式"对话框，如图 8-3 所示。在该对话框中，可分别指定两种样式进行比较，AutoCAD 将以列表的形式显示这两种样式在特性上的差异。如果选择同一种标注样式，则 AutoCAD 显示这种标注样式的所有特性。完成比较后，用户可单击复制按钮将比较结果复制到 Windows 剪贴板上。

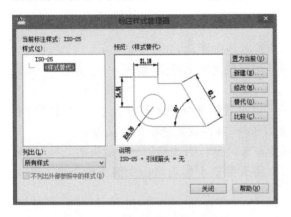

图 8-2　"标注样式管理器"对话框　　　　　图 8-3　"比较标注样式"对话框

⑤ 若新建一个标注样式，可单击"新建"按钮，弹出"创建新标注样式"对话框，如图 8-4 所示。

单击"继续"按钮，打开新建标注样式对话框，如图 8-5 所示。利用此对话框可对新样式的各项参数进行设置。其中包括 7 个选项卡，各部分的功能如下：

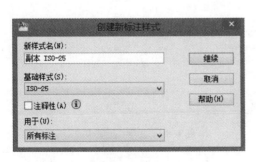

图 8-4　"创建新标注样式"对话框　　　　　图 8-5　新建标注样式对话框

a. "线"选项卡：

在"尺寸线"栏中，除了可以设置尺寸线及尺寸界线的颜色、线型、线宽外，其他设置选项的含义如下：

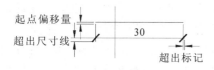

图8-6 超出标记、超出尺寸线、起点偏移量示意图

- "超出标记"数值框：用于设置尺寸线超出尺寸界线的长度，如图8-6所示。说明：若设置的是箭头样式，则"超出标记"选项不可用；若箭头样式为"倾斜""建筑标记"等样式，则"超出标记"选项可用。
- "基线间距"数值框：用于设置基线标注中尺寸线之间的间距。

- "隐藏"栏：控制尺寸起止符号的可见性。

在"延伸线"栏中，选项的含义如下：
- "超出尺寸线"数值框：用于设置尺寸界线超出尺寸线的距离，如图8-6所示。
- "起点偏移量"数值框：用于设置尺寸界线与标注对象之间的距离，如图8-6所示。
- "隐藏"栏：控制是否隐藏尺寸界线。

b. "符号和箭头"选项卡如图8-7所示。除了可以设置折断标注中折断大小、弧长符号，半径折弯标注的折弯角度，线性折弯标注的折弯高度因子外，其他设置选项的含义如下：

- "箭头"中"第一个"和"第二个"：设置尺寸线的箭头类型。当改变第一个箭头的类型时，第二个箭头自动改变以匹配第一个箭头。改变第二个箭头类型不影响第一个箭头的类型。箭头类型与专业制图标准有关。
- "引线"：设置引线的箭头类型。
- "圆心标记"设置圆心标记类型为"无""标记"和"直线"三种情况之一。其中"直线"选项可创建中心线。用该区域中的下拉列表可设置圆心标记或中心线的大小。

c. "文字"选项卡如图8-8所示。除了可以设置文字样式、文字颜色、文字背景填充颜色外，其他设置选项含义如下：

图8-7 "符号和箭头"选项卡

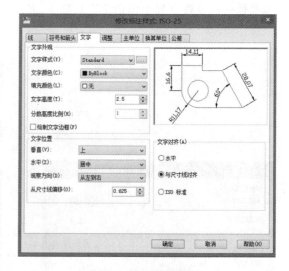

图8-8 "文字"选项卡

文字外观：
- "文字高度"：设置当前标注文字样式的高度。只有在标注文字所使用的文字样式中的文

字高度为 0 时,该项设置才有效,否则标注的文字高度为文字样式中的文字高度。
- "分数高度比例":设置与标注文字相关部分的比例。仅当在"主单位"选项卡中选择"分数"作为"单位格式"时,此选项才可用。
- "绘制文字边框"复选框:在标注文字的周围绘制一个边框,默认不选中。

文字位置:
- "垂直":设置文字相对于尺寸线的垂直位置,包括居中、上方、外部、JIS(按照日本工业标准放置)及下方,部分效果如图 8-9 所示。

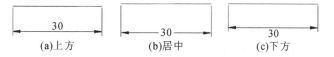

图 8-9　文字位置中的垂直含义示例

- "水平":设置文字相对于尺寸线和延伸线的水平位置,包括居中、第一条延伸线、第二条延伸线、第一条延伸线上方和第二条延伸线上方,效果如图 8-10 所示。

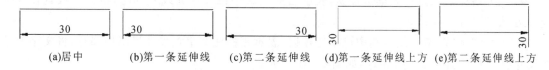

图 8-10　文字位置中的水平含义示例

- "观察方向":控制标注文字的观察方向。
- "从尺寸线偏移":设置文字与尺寸线之间的距离。

文字对齐:
- "水平":水平放置文字,文字角度与尺寸线角度无关。
- "与尺寸线对齐":文字角度与尺寸线角度保持一致。
- "ISO 标准":当文字在尺寸界线内时,文字与尺寸线对齐;当文字在尺寸界线外时,文字水平排列。其效果如图 8-11 所示。

d. "调整"选项卡如图 8-12 所示。

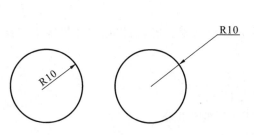

图 8-11　文字对齐"ISO 标准"效果示例

图 8-12　"调整"选项卡

调整选项：根据两条尺寸界线间的距离确定文字和箭头的位置。当两条尺寸界线间的距离够大时，AutoCAD总是把文字和箭头放在尺寸界线之间，否则按下述规则放置：

图8-13 调整选项中的"文字或箭头（最佳效果）"示例

- "文字或箭头（最佳效果）"：尽可能地将文字和箭头都放在尺寸界线中，容纳不下的元素将用引线方式放在尺寸界线外，如图8-13所示。
- "箭头"：选中该单选按钮，将尺寸箭头放在尺寸界线外侧。
- "文字"：选中该单选按钮，表示将标注文字放在尺寸界线外侧。
- "文字和箭头"：选中该单选按钮，表示将标注文字和尺寸箭头都放在尺寸界线外侧。
- "文字始终保持在延伸线之间"：选中该单选按钮，表示标注文字始终放在尺寸界线之间。
- "若箭头不能放在延伸线内，则将其消除"：选中该复选框，表示当尺寸界线之间不能放置箭头时，不显示标注箭头。

文字位置：可设置当标注文字不在默认位置时应放置的位置。其中各选项含义如下：
- "尺寸线旁边"：选中该单选按钮，表示当标注文字在尺寸界线外部时，将文字放置在尺寸线旁边，如图8-14(a)所示。
- "尺寸线上方，带引线"：选中该单选按钮，表示当标注文字在尺寸界线外部时，将文字放置在尺寸线上方并加一条引线相连，如图8-14(b)所示。
- "尺寸线上方，不带引线"：选中该单选按钮，表示当标注文字在尺寸界线外部时，将文字放置在尺寸线上方，不加引线，如图8-14(c)所示。

标注特征比例：
- "将标注缩放到布局"：选中该单选按钮，表示根据模型空间视口比例设置标注比例。
- "使用全局比例"：选中该单选按钮，表示在其后的数值框中可指定尺寸标注的比例，所指定的比例值将影响尺寸标注所有组成元素的大小。如图8-15所示，全局比例为1与2的对比。

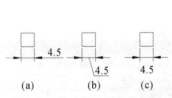

图8-14 文字不在默认位置时

(a)使用全局比例1　　(b)使用全局比例2

图8-15 全局比例效果

优化：
- "手动放置文字"：选中该复选框，表示忽略所有水平对正设置，并将文字手动放置在相应位置。
- "在延伸线之间绘制尺寸线"：选中该复选框，表示在标注对象时，始终在尺寸界线之间绘制尺寸线。

e."主单位"选项卡，如图8-16所示。

线性标注：设置线性尺寸的单位。其中各选项含义如下：
- "单位格式"：在该下拉列表框中选择线性标注所采用的单位格式。
- "精度"：在该下拉列表框中调整线性标注的小数位数。

- "分数格式":在该下拉列表框中设置分数的格式。只有在"单位格式"下拉列表框中选择"分数"选项时才可用。
- "小数分隔符"下拉列表框:在该下拉列表框中选择小数分隔符的类型。
- "舍入"数值框:用于设置非角度标注测量值的舍入规则。
- "前缀"与"后缀":分别设置文字前缀与后缀,可以输入文字或用控制代码显示特殊符号。如果指定了公差,AutoCAD 也可给公差添加前缀或后缀。

测量单位比例:
- "比例因子":设置线性标注测量值的比例因子,AutoCAD 将标注测量值与此处输入的值相乘作为测量值的显示结果。例如,如果输入 5,AutoCAD 将把 1 mm 的测量值显示为 5 mm。该数值框中的值不影响角度标注效果。
- "仅应用到布局标注":选中该复选框后,只对在布局中创建的标注应用线性比例值。

消零:消除所有小数标注中的前导零或后续零。

角度标注:
- "单位格式":设置角度单位格式。
- "精度":设置角度标注的小数位数。

"消零":设置前导零和后续零是否输出。

f. "换算单位"选项卡:在该选项卡中可设置不同单位尺寸间的换算格式及精度。默认情况下,该选项卡中所有内容都不可用,只有选中"显示换算单位"复选框后,选项才可用,如图 8-17 所示。

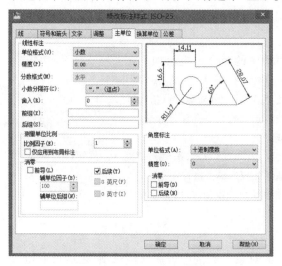

图 8-16 "主单位"选项卡

图 8-17 "换算单位"选项卡

g. "公差"选项卡:

在"公差格式"栏中可设置公差格式,如公差方式和精度等。其中各选项含义如下。
- "方式":在该下拉列表框中可设置计算公差的方法,如"对称"和"极限偏差"等。选择该选项后,可在右侧的窗口中预览其效果。
- "精度"下拉列表框:用于设置小数位数。
- "上偏差"数值框:用于设置最大公差或上偏差。当在"方式"下拉列表框中选择"对称"选项时,AutoCAD 将该值用作公差值。

- "下偏差"数值框:用于设置最小公差或下偏差。
- "高度比例"数值框:用于设置公差文字的当前高度。
- "垂直位置"下拉列表框:用于设置对称公差和极限公差的文字对齐方式。

任务 3 尺寸标注类型

一、线性标注

线性标注用于标注水平或垂直方向上的尺寸。

1. 激活方式

(1) 功能区面板:"注释"→"标注"→"线性"。
(2) 菜单栏:"标注"→"线性"。
(3) 命令行:输入"DIMLINEAR"。

2. 步骤

以标注矩形一边为例,如图 8-18 所示,操作过程中的命令行提示如下:

图 8-18 线性标注示例

```
命令:_dimlinear
指定第一条延伸线原点或<选择对象>:(拾取矩形左上角点)
指定第二条延伸线原点:(拾取矩形右上角点)
指定尺寸线位置或
[多行文字(M)/文字(T)/角度(A)/水平(H)/垂直(V)/旋转(R)]:(向
上移动鼠标到合适的位置后单击鼠标左键)
标注文字=30(自动测量出长度为 30 的标注尺寸)
```

3. 选项及操作说明

(1) <选择对象>:直接按回车键选择要标注的对象。此例中若激活该选项,之后拾取矩形要标注的边,向上移动鼠标到合适的位置后单击鼠标左键指定尺寸线位置,也可以实现图 8-18 所示的线性标注。

(2) 多行文字(M):通过输入多行文字的方式输入多行标注文字。
(3) 文字(T):通过输入单行文字的方式输入单行标注文字。
(4) 角度(A):改变尺寸标注文字的角度。
(5) 水平(H):表示只标注两点之间的水平距离。
(6) 垂直(V):表示只标注两点之间的垂直距离。
(7) 旋转(R):可在标注过程中设置尺寸线的旋转角度。

二、对齐标注

对齐标注用于测量和标记两点之间的实际距离,两点之间连线可以为任意方向,主要用于标注倾斜的尺寸。

1. 激活方式

(1) 功能区面板:"注释"→"标注"→"对齐"。

(2) 菜单栏:"标注"→"对齐"。

(3) 命令行:输入"DIMALIGNED"。

2. 步骤

以标注图 8-19 所示的正五边形的一边为例,操作过程中的命令行提示如下:

图 8-19 对齐标注示例

```
命令:_dimaligned
指定第一条延伸线原点或<选择对象>:(选择边的一个端点)
指定第二条延伸线原点:(选择该边的另一个端点)
指定尺寸线位置或
[多行文字(M)/文字(T)/角度(A)]:(移动鼠标到合适的位置后单击鼠标左键)
标注文字=21.24(自动测量出长度为 21.24 的标注尺寸)
```

三、坐标标注

坐标标注用于测量并标记相对于坐标原点的某个点的坐标。

1. 激活方式

(1) 功能区面板:"注释"→"标注"→"坐标"。

(2) 菜单栏:"标注"→"坐标"。

(3) 命令行:输入"DIMORDINATE"。

2. 步骤

以坐标标注矩形的角点为例,如图 8-20 所示,操作过程中的命令行提示如下:

```
命令:_dimordinate
指定点坐标:(拾取一个角点)
创建了无关联的标注。
指定引线端点或[X 基准(X)/Y 基准(Y)/多行文字(M)/文字(T)/角度(A)]:(根据用户移动鼠标放置引线端点的位置,沿 X 轴或 Y 轴给出坐标值)
标注文字=200
```

其他角点坐标标注操作步骤同上。

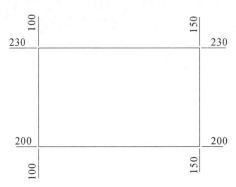

图 8-20 坐标标注示例

3. 选项说明

(1) X 基准(X):通过选择"X 基准"明确地指定采用 X 坐标进行标注。

(2) Y 基准(Y):通过选择"Y 基准"明确地指定采用 Y 坐标进行标注。

四、半径和直径标注

半径和直径标注用于测量和标记圆或圆弧的半径和直径。

1. 激活方式

(1) 功能区面板:"注释"→"标注"→"半径"或"直径"。

(2) 菜单栏:"标注"→"半径"或"直径"。

(3) 命令行:输入"DIMRADIUS"或"DIMDIAMETER"。

2. 步骤

以标注圆的半径和直径为例,如图 8-21 和图 8-22 所示,操作过程中的命令行提示如下:

```
命令:_dimradius(执行标注半径命令)
选择圆弧或圆:(拾取圆)
标注文字=15(提示圆的半径)
指定尺寸线位置或 [多行文字(M)/文字(T)/角度(A)]:(移动光标确定尺寸线的位置)
命令:_dimdiameter(执行标注直径命令)
选择圆弧或圆:(拾取圆)
标注文字=30(提示圆的直径)
指定尺寸线位置或 [多行文字(M)/文字(T)/角度(A)]:(移动光标确定尺寸线的位置)
```

3. 操作说明

可以通过"多行文字(M)/文字(T)/角度(A)"选项确定尺寸文字或尺寸文字的旋转角度。其中,通过"多行文字(M)/文字(T)"选项重新确定尺寸文字时,给输入的尺寸文字加前缀"R"或

"ϕ",可使标出的尺寸有半径或直径符号。

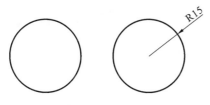
图8-21 半径标注示例

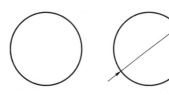
图8-22 直径标注示例

五、圆心标记

标记圆或圆弧的中心点。

1. 激活方式

(1) 功能区面板:"注释"→"标注"→"圆心标记"。
(2) 菜单栏:"标注"→"圆心标记"。
(3) 命令行:输入"DIMCENTER"。

2. 步骤

执行以上任意一种操作后,命令行提示及操作如下:

命令:_dimcenter
选择圆弧或圆:(拾取要标记的圆)

3. 操作说明

在新建标注样式对话框中的"符号和箭头"选项卡中,可以设置圆心标记的类型,分为"无""标记"和"直线"。其中"直线"选项可创建中心线。用该区域中的下拉列表可设置圆心标记或中心线的大小。圆心标记示例如图8-23所示。

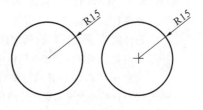
图8-23 圆心标记示例

六、弧长标注

1. 激活方式

(1) 功能区面板:"注释"→"标注"→"弧长"。
(2) 菜单栏:"标注"→"弧长"。
(3) 命令行:输入"DIMARC"。

2. 步骤

执行以上任意一种操作后,命令行提示及操作如下:

```
命令:_dimarc
选择弧线段或多段线圆弧段:(拾取圆弧)
指定弧长标注位置或 [多行文字(M)/文字(T)/角度(A)/部分(P)/引线(L)]:(移动光标确定弧长标注
的位置)
标注文字=34.55
```

图 8-24 圆弧标注添加引线效果

3. 选项说明

(1) 部分(P):标注部分弧长而不是整个弧长。

(2) 引线(L):添加引出线段。仅当圆弧的圆心角大于 90°时才显示此选项。引线指向所标注的圆弧,方向为径向,延长线通过圆心,如图 8-24 所示。

七、角度标注

1. 激活方式

(1) 功能区面板:"注释"→"标注"→"角度"。

(2) 菜单栏:"标注"→"角度"。

(3) 命令行:输入"DIMANGULAR"。

2. 步骤

以图 8-25 所示的正三角形为例,标注其中一个顶点的角度。

```
命令:_dimangular
选择圆弧、圆、直线或<指定顶点>:(选择需标注角度的第一条直线)
选择第二条直线:(选择需标注角度的第二条直线)
指定标注弧线位置或 [多行文字(M)/文字(T)/角度(A)/象限点
(Q)]:(移动光标确定尺寸线位置)
标注文字=60
```

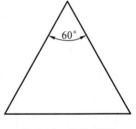

图 8-25 标注示例

3. 操作说明

(1) 选择两条非平行直线,则对两条直线形成的角度进行测量,并标注直线之间的角度,如图 8-26(a)所示。

(2) 选择圆弧,则对圆弧所对应的圆心角进行测量,并对该角标注,如图 8-26(b)所示。

(3) 选择圆,则以圆心作为角的顶点,测量并标记所选的第一个点和第二个点之间包含的圆心角,如图 8-26(c)所示。

(4) 在提示下直接回车,选择"指定顶点"项,则需分别指定角点、第一端点和第二端点来测量并标记该角度值,如图 8-26(d)所示。其中指定角点、第一端点和第二端点可以是参照点,甚至也可以是不存在的虚拟点。

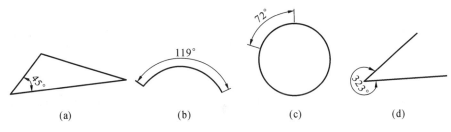

图 8-26　角度标注示例

八、连续标注

若要标注的第一条尺寸界线(延伸线)是上一个标注的第二条尺寸界线(延伸线),可使用连续标注命令。在进行连续标注前,必须先创建一个线性标注、坐标标注或角度标注作为基准标注,以确定连续标注所需要的前一尺寸标注的尺寸界线(延伸线)。

1. 激活方式

(1) 功能区面板:"注释"→"标注"→"连续标注"。
(2) 菜单栏:"标注"→"连续标注"。
(3) 命令行:输入"DIMCONTINUE"。

2. 步骤

以图 8-27 为例,连续标注 BC、CD 边。

```
命令:_dimcontinue
指定第二条延伸线原点或 [放弃(U)/选择(S)]<选择>:(拾取点 C)
标注文字=30
指定第二条延伸线原点或 [放弃(U)/选择(S)]<选择>:(拾取点 D)
标注文字=40
指定第二条延伸线原点或 [放弃(U)/选择(S)]<选择>:(确定键结束命令)
```

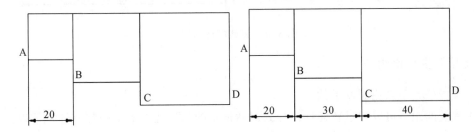

图 8-27　连续标注示例

3. 选项说明

选择(S):重新指定基准线。

九、基线标注

基线标注是自同一基线处测量的多个标注,它是以已存在标注的第一条尺寸界线为基准线进行的标注。在进行基线标注前,必须先创建一个线性标注、坐标标注或角度标注作为基准标注。

1. 激活方式

(1) 功能区面板:"注释"→"标注"→"基线标注"。
(2) 菜单栏:"标注"→"基线标注"。
(3) 命令行:输入"DIMBASELINE"。

2. 步骤

以图 8-28 中的 A 点为基准点,基线标注 BC、CD 边。

```
命令:_dimbaseline
指定第二条延伸线原点或 [放弃(U)/选择(S)]<选择>:(拾取点 C)
标注文字=50
指定第二条延伸线原点或 [放弃(U)/选择(S)]<选择>:(拾取点 D)
标注文字=90
指定第二条延伸线原点或 [放弃(U)/选择(S)]<选择>:(确定键结束命令)
```

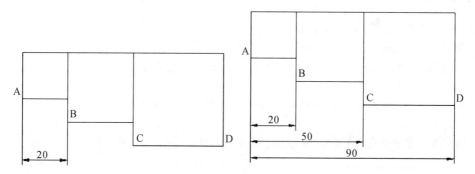

图 8-28 基线标注示例

3. 选项及操作说明

(1) 选择(S):重新指定基准线。
(2) 基线间距可以通过新建标注样式对话框中的"线"选项卡中的"基线间距"进行设置。

十、快速标注

快速标注可以同时标注多个对象,极大地提高工作效率。

1. 激活方式

（1）功能区面板:"注释"→"标注"→"快速标注"。

（2）菜单栏:"标注"→"快速标注"。

（3）命令行:输入"QDIM"。

2. 步骤

如图 8-29(a)所示,对 AB、BC、CD 边连续标注。

```
命令:_qdim
关联标注优先级=端点
选择要标注的几何图形:指定对角点,找到 7 个(选择要标注的多个对象)
选择要标注的几何图形:(按确定键)
指定尺寸线位置或 [连续(C)/并列(S)/基线(B)/坐标(O)/半径(R)/直径(D)/基准点(P)/编辑(E)/
设置(T)] <连续>:(在当前默认"连续"选项下指定尺寸线位置,标注后效果如图 8-29(b)所示)
```

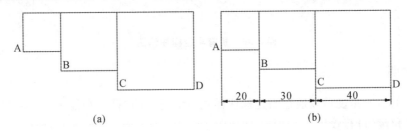

图 8-29 快速标注示例

3. 选项及操作说明

（1）选择连续(C)、基线(B)、坐标(O)、半径(R)、直径(D)选项将相应产生一系列连续、基线、坐标、半径、直径标注尺寸。

（2）并列(S):产生一系列交错尺寸标注。

（3）基准点(P):为连续标注和基线标注指定一个新的基准点。

（4）编辑(E):选择此选项,命令行提示"指定要删除的标注点或［添加(A)/退出(X)］＜退出＞:"此时单击要移去的点或选择"添加"选项添加点之后按确定键,尺寸界线的原点将减少或增加。

（5）设置(T):为指定尺寸界线原点设置默认的对象捕捉模式。

十一、折弯半径标注

折弯半径标注用于标注圆或圆弧的半径尺寸。当圆或圆弧较大,其中心位于布局外部,且无法在其实际位置显示,或用半径标注会与其他图线交叉而妨碍识图时,可以采用该命令指定假想的圆心位置,从而给出折弯半径标注。

1. 激活方式

（1）功能区面板:"注释"→"标注"→"折弯半径"。

(2)菜单栏:"标注"→"折弯半径"。

(3)命令行:输入"DIMJOGGED"。

2. 步骤

以图 8-30 所示圆弧为例,标注圆弧折弯半径。

```
命令:_dimjogged
选择圆弧或圆:(选择需要标注半径的圆弧)
指定图示中心位置:(移动光标指定假想圆心位置)
标注文字=200
指定尺寸线位置或 [多行文字(M)/文字(T)/角度(A)]:(移动光标指定尺寸线位置)
指定折弯位置:(指定折弯位置)
```

图 8-30 折弯半径标注示例

3. 操作说明

折弯半径的折弯角度可以通过新建标注样式对话框中的"符号和箭头"选项卡中"半径折弯标注"中"折弯角度"进行设置。

十二、折弯线性标注

可以将折弯线添加到线性标注或对齐标注,用于表示不显示实际测量值的标注值,如图 8-31 所示。

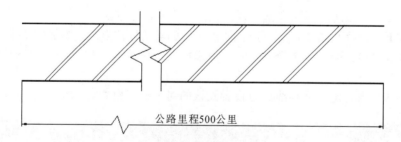

图 8-31 折弯线性标注示例

1. 激活方式

(1)功能区面板:"注释"→"标注"→"线性、折弯标注"。

(2)菜单栏:"标注"→"折弯标注"。

(3)命令行:输入"DIMJOGLINE"。

2. 步骤

执行以上任意一种操作后,命令行提示及操作如下:

命令:_dimjogline
选择要添加折弯的标注或 [删除(R)]:(选择要添加折弯的标注)
指定折弯位置(或按 ENTER 键):(移动光标在折弯位置单击)

3. 选项及操作说明

(1)删除(R):可删除折弯标注。

(2)折弯由两条平行线和一条与平行线成40°角的交叉线组成。将折弯添加到线性标注后,可以使用夹点定位折弯。要重新定位折弯,可选择标注,然后选择夹点,沿着尺寸线将夹点移至另一点。

十三、引线标注

引线标注可用于创建注释性文字,通过引线将注释与对象连接。

1. 激活方式

(1)菜单栏:"标注"→"引线"。

(2)命令行:输入"QLEADER"。

2. 步骤

执行以上任意一种操作后,在命令行出现"指定第一个引线点或[设置(S)]<设置>:"提示信息时,选择"设置"项,系统打开图8-32所示的"引线设置"对话框,通过该对话框可对引线标注的各项参数进行设置。

3. 选项及操作说明

"引线设置"对话框中各选项含义如下:

1)"注释"选项卡

(1)"注释类型"栏:设置引线注释文本的类型。

(2)"多行文字选项"栏:在该栏中对引线注释类型为多行文字时的部分参数进行设置。选中"提示输入宽度"复选框,表示在引线标注时,提示用户指定标注文字宽度;选中"始终左对齐"复选框,表示引线标注的内容始终左对齐;选中"文字边框"复选框,表示创建引线标注后,自动在标注文本上加边框。

(3)"重复使用注释"栏:在该栏中设置重复使用引线注释的选项。选择"无"表示不重复使用注释内容;选择"重复使用下一个"单选按钮,表示将本次创建的文字注释复制到下一个引线标注中;选择"重复使用当前"单选按钮,表示将上一次创建的文字注释复制到当前引线标注中。

通常情况下,"注释"选项卡选择默认项即可。

2)"引线和箭头"选项卡

(1)"引线"栏:在该栏中可控制引线标注有"直线"和"样条曲线"两种类型。

(2)"点数":在该栏中可设置创建引线标注时,命令行提示的指定引线控制点个数,默认为3。

(3)"箭头"栏:在该栏中可确定引线标注箭头的类型。

(4)"角度约束"栏:在该栏中可设定第一和第二引线线段的角度。采用默认选项"任意角度"比较灵活。

3)"附着"选项卡

在"注释"选项卡中的"注释类型"栏中选中"多行文字"单选按钮时,"附着"选项卡才能被激活。

(1)文字在左边/文字在右边:设置多行文字在引线的左端或右端。

(2)第一行顶部:引线末端在多行文本最上面一排文本的上端。

(3)第一行中间:引线末端在多行文本最上面一排文本的中间。

(4)多行文字中间:引线末端在多行文本的中间位置。

(5)最后一行中间:引线末端在多行文本最下面一排文本的中间。

(6)最后一行底部:引线末端在多行文本最下面一排文本的下端。

(7)"最后一行加下划线"复选框:选中该复选框表示在进行引线标注时,在多行文字的最后一行加下划线。选择该项时,前面各多行文字附着选项不可选。

4. 例题

引线标注矩形的倒角,如图 8-33 所示。

```
命令:qleader
指定第一个引线点或 [设置(S)]<设置>:S(选择设置选项,将"箭头"设为"无","附着"选项卡中附着方式选为"最后一行加下划线",其余选项默认值)
指定第一个引线点或 [设置(S)]<设置>:(指定引线起点)
指定下一点:(指定引线下一点)
指定下一点:(引线第三点)
指定文字宽度 <0>:(设置文字宽度,回车确定默认选项 0)
输入注释文字的第一行 <多行文字(M)>:倒角矩形 6×30°(输入文本)
输入注释文字的下一行:(确定键结束命令)
```

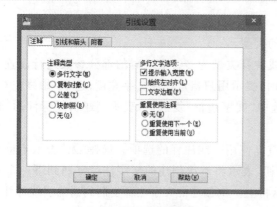

图 8-32 "引线设置"对话框

图 8-33 引线标注练习

任务 4 编辑尺寸标注

创建尺寸标注后,如未能达到预期的效果,还可以对尺寸标注进行编辑,如修改尺寸线位置、尺寸文字的位置、标注文字的内容等。

一、编辑标注

可以同时改变多个标注对象的文字内容、旋转角度和倾斜尺寸界线。

1. 激活方式

(1) 工具栏:单击"标注"工具栏上的图标 。
(2) 命令行:输入"DIMEDIT"。

2. 步骤

执行以上任意一种操作后,命令行提示及操作如下:

命令:_dimedit
输入标注编辑类型 [默认(H)/新建(N)/旋转(R)/倾斜(O)]<默认>:

3. 选项及操作说明

(1) 默认(H):将所选的尺寸退回到未编辑的状况,如图 8-34(a)所示。
(2) 新建(N):选择该项将调用多行文字编辑器用于修改指定对象的标注文字。如图 8-34(b)所示文字增加前缀的效果。
(3) 旋转(R):用于旋转指定对象中的标注文字,选择该项后系统将提示用户指定旋转角度,如果输入 0,则把标注文字按默认方向放置。如图 8-34(c)所示文字旋转 45°后的效果。
(4) 倾斜(O):调整线性标注尺寸界线的倾斜角度,选择该项后系统将提示用户选择对象并指定倾斜角度。如图 8-34(d)所示倾斜角度 60°后的效果。

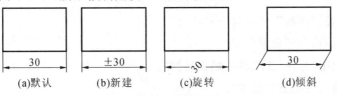

图 8-34 编辑标注各选项的效果

二、编辑标注文字

编辑标注文字可修改标注文字在尺寸线上的位置及倾斜角度。

1. 激活方式

(1) 菜单栏:"标注"→"文字对齐"→下拉菜单中选择所需选项。

(2) 工具栏:单击"标注"工具栏上的图标 。

(3) 命令行:输入"DIMTEDIT"。

2. 步骤

执行以上任意一种操作后,命令行提示及操作如下:

```
命令:_dimtedit
选择标注:
为标注文字指定新位置或 [左对齐(L)/右对齐(R)/居中(C)/默认(H)/角度(A)]:
```

3. 选项及操作说明

(1) 左对齐(L):将标注文字放置在尺寸线的左端,如图8-35(a)所示。
(2) 右对齐(R):将标注文字放置在尺寸线的右端,如图8-35(b)所示。
(3) 居中(C):将标注文字放置在尺寸线的中间,如图8-35(c)所示。
(4) 默认(H):用于将所选择的标注文字移回默认位置。
(5) 角度(A):用于修改所选择标注文字的角度,如图8-35(d)所示。

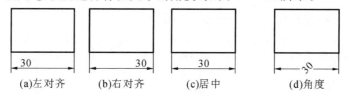

(a)左对齐　　(b)右对齐　　(c)居中　　(d)角度

图8-35　编辑标注文字部分选项效果

三、标注更新

标注更新是以当前标注样式的标注变量更新标注对象。

1. 激活方式

(1) 功能区面板:"注释"→"标注"→"更新"。

(2) 菜单栏:"标注"→"更新"。

(3) 工具栏:单击"标注"工具栏上的图标 。

(4) 命令行:输入"DIMSTYLE"。

2. 步骤

使用标注更新,使标注样式改为名称为"工程制图1"的标注样式。

首先,将名称为"工程制图1"的标注样式设为当前样式,接下来激活标注更新,命令行提示如下:

命令:_dimstyle
当前标注样式:工程制图1 注释性:否(提示当前标注样式)
输入标注样式选项
[注释性(AN)/保存(S)/恢复(R)/状态(ST)/变量(V)/应用(A)/?] <恢复>:_apply(系统自动采用"应用"选项)
选择对象:找到1个(选择要更新的标注)
选择对象:(确定更新标注为工程制图1的标注样式)

四、重新关联标注

标注在默认情况下是关联的,即当与其关联的对象被修改时,其尺寸的所有成员均发生相应变化,自动调整其位置、方向、测量值,方便绘图。但在某些情况下,标注与对象会失去关联,成为非关联标注。此时可采用重新关联标注命令,使其重新关联。

1. 激活方式

(1) 功能区面板:"注释"→"标注"→"重新关联"。
(2) 菜单栏:"标注"→"重新关联"。
(3) 命令行:输入"DIMREASSOCIATE"。

2. 步骤

在系统的提示下选择要重新关联的标注,并拾取标注点。

3. 说明

如果用户选择的是关联标注,则该标注的定义点上显示☒标记;而如果用户选择的是非关联标注,则该标注的定义点上显示✕标记。无论选择何种标注,系统均进一步要求对其重新指定标注界线或标注对象,并由此将非关联标注转换为关联标注,或对关联标注重新定义。

1. 尺寸标注的组成部分有哪些?
2. 标注文字所使用的文字样式中的文字高度不为0时,标注样式管理器中文字的高度设置是否有效?
3. 线性标注和对齐标注的区别是什么?
4. 圆心标记的类型有哪些?
5. 折弯半径标注的作用是什么?
6. 若要改变标注的文字内容,可以采用哪些方法?

学习情境 9

文字的创建与表格

图形隐含和不能直接表现的部分需要用文字来做补充说明,如工程图中的技术说明、材料说明等,这时会用到不同的文字样式,所以应按设计要求或国家标准设置文字样式。

任务 1 设置文字样式

文字注释前,用户可设置新文字样式或修改已有文字样式来满足设计要求或国家标准。

一、新建、重命名与删除样式名

1. 激活方式

（1）功能区面板："常用"→"注释"→"文字样式"。
（2）菜单栏："格式"→"文字样式"。
（3）命令行：输入"STYLE"。

2. 步骤

执行以上任意一种操作后，弹出图9-1所示的"文字样式"对话框。

3. 操作说明

单击"新建"按钮，弹出图9-2所示的对话框，要求输入文字样式名，命名时最好具有一定的代表意义，这样在使用时不易混淆，当然也可以使用缺省的样式名。单击"确定"按钮后，回到"文字样式"对话框，"样式"列表框中则相应增加了新建的文字样式。要应用某个文字样式，先选择相应文字样式，再单击"置为当前"按钮。

文字样式可以被重命名，在"样式"列表框中选中需要重命名的样式名，单击鼠标右键，弹出快捷菜单，选择"重命名"，文字样式名处于可编辑状态，这时可输入新样式名。

在"样式"列表框中选中需要删除的样式名，单击鼠标右键，弹出快捷菜单，选择"删除"，样式可被删除。但"样式"列表中的Standard样式为缺省的文字样式，采用的字体为txt.shx，该文字样式不能被删除。另外，被置为当前的文字样式和文字样式已在图形中使用的也不能被删除。

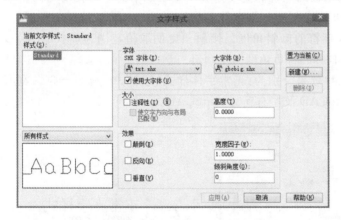

图9-1 "文字样式"对话框

图9-2 "新建文字样式"对话框

二、设置字体、文字大小及效果

1. 设置字体

在图9-1所示的"文字样式"对话框中，单击字体名下拉列表，弹出所有已注册的TrueType

字体系列名和驻留在 FONTS 子目录下 AutoCAD 提供的编译字型(SHX)。选择一个字体名后,AutoCAD 读取相应的字体文件。如果该字体文件尚未被图形中定义的字型所使用,则自动从该字体文件中装载该字体的字符定义。

"使用大字体"复选框:用于指定某种大字体,只有在字体名下拉列表中选择一个 AutoCAD 编译字体(SHX)文件,并选择了相应的字体后,该复选框才可用。

"大字体"下拉列表:在选择了"使用大字体"复选框后,在对话框字体区域中,第一个弹出列表的标题由"字体名"变为"SHX 字体"。该弹出列表中列出了可供选择的亚洲语种的大字体文件名,如图 9-3 显示了设定"gbenor.shx"字体后使用大字体的情况。如果未选择"使用大字体"复选框,则"字体类型"下拉列表将弹出列表,用来选择该字体字符的样式。

2. 设置字体大小

在图 9-1 所示的"文字样式"对话框中,"高度"用来设置字符高度。如果输入的高度值为 0,则该字样为可变字高,即当用户使用单行文字 TEXT 或多行文字 MTEXT 命令,并使用该字样标注文字时,AutoCAD 将会提示用户输入字高;如果输入的字高大于 0,则该字样为固定字高,在使用该字样标注文字时,AutoCAD 不会提示用户输入字高。

3. 效果

(1) 颠倒:选中"颠倒"复选框,文字从左到右颠倒书写,为正常文字的水平镜像。

(2) 反向:选中"反向"复选框,文字从右到左反向书写,为正常文字的垂直镜像。

(3) 垂直:选中"垂直"复选框,文字竖排;不选该复选框,文字横排。只有所选择的字体同时支持横排和竖排时,该复选框才可用。

(4) 宽度因子:宽度比例编辑框用来输入字符的宽度系数。宽度系数为字符宽度与高度之比。如果其值小于 1,则字符变窄;如果其值大于 1,则字符变宽。

(5) 倾斜角度:该编辑框用来输入字符的倾斜角度。倾斜角度的取值范围为(-85°,85°),与字符基线垂直的方向为 0°,正角度向右倾斜,负角度向左倾斜。

如图 9-4 所示,文本样式设置的几种效果分别为:正常字体样式、倾斜 30°、倾斜 -30°、宽度系数 0.7、宽度系数 1.2、上下颠倒 AutoCAD 及左右反写 AutoCAD。

图 9-3 设定大字体示例   图 9-4 文字样式设置的几种效果

文字样式设置完毕,可通过字样预览框预览用户当前定义的字样效果。在编辑框中输入测试字样效果的样板文字后,按回车键,效果显示区将根据当前参数设置显示样板文字。除了文字样式名和字符高度外,其他参数改变的效果都会立即在效果显示区得到反映。单击"应用"按钮,将设置的样式应用到图形中。

三、例题

建立样式"宋体字",其字体为"新宋体",高度为0。
(1) 执行菜单栏上的"格式"→"文字样式"命令,弹出图9-1所示的"文字样式"对话框。
(2) 单击"新建"按钮,弹出图9-2所示的"新建文字样式"对话框。在"样式名"中输入"宋体字"。
(3) 单击"确定"按钮,回到"文字样式"对话框。
(4) 单击字体名下拉列表框后的小箭头,弹出字体列表。利用右侧的滚动条,向下搜索,找到"新宋体",单击"新宋体"。
(5) 单击"应用"按钮,再单击"关闭"按钮,建立了"宋体字"文字样式,同时又将该字体变成当前的字体样式。

任务 2 单行文字创建

文字样式设置好后,才可以用文字注写命令将设置好样式的文字注写到图纸中去。文字注写命令有单行文字输入(TEXT)命令和多行文字输入(MTEXT)命令。单行文字的特点是:每行文字都是独立的对象,可以重新定位、调整格式或进行其他修改。

1. 激活方式

(1) 功能区面板:"常用"→"注释"→"单行文字"或"注释"→"文字"→"单行文字"。
(2) 菜单栏:"绘图"→"文字"→"单行文字"。
(3) 命令行:输入"TEXT"或"DTEXT"或"DT"。
(4) 工具栏: 。

2. 步骤

执行以上任意一种操作后,命令行提示及操作如下:

命令:TEXT
指定文字的起点或 [对正(J)/样式(S)]:S
输入样式名或 [?] <宋体字> :
当前文字样式:"ABC"文字高度:2.5 注释性:否

指定文字的起点或 [对正(J)/样式(S)]:J(输入对正选项)
[对齐(A)/布满(F)/居中(C)/中间(M)/右对齐(R)/左上(TL)/中上(TC)/右上(TR)/左中(ML)/正中(MC)/右中(MR)/左下(BL)/中下(BC)/右下(BR)]:(选择一种对正方式)

3. 操作及选项说明

1) 指定文字的起点

该选项是默认选项,用于在屏幕上拾取一点,也可以用绝对坐标或用鼠标来指定起点,文字从该点开始书写。如果前面已输入过文本,此处以回车响应起点提示,则跳过下面的高度和旋转角度的提示,直接提示输入文字,此时使用前面设定好的参数,同时起点自动定义为上次最后书写的文本的下一行。

2) 对正(J)

控制文字的对齐样式,共14种模式。图9-5所示为不同对齐方式的比较。

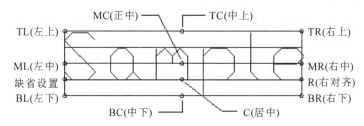

图9-5 不同对齐方式的比较

其他对齐样式含义如下:

（1）对齐:通过指定基线的两个端点来指定文字高度和方向。文字方向与两点连线方向一致,字高将自动调整,使文字均匀布满两点之间的部分,文字宽度比例仍保持不变。

（2）布满:通过指定基线的两个端点及文字高度来确定布满区域。文字方向与两点连线方向一致,系统将自动调整文字宽度比例,以使文字充满两点之间部分,文字高度保持不变。

3) 样式(S)

选择该选项,出现提示"输入样式名:",指定文字样式,即文字字符的外观。创建的文字使用当前样式,输入一个样式名称。若输入"?",将显示所有样式、关联的字体文件、文字高度及其他参数。

4. 例题

注写图9-6所示字体,操作步骤如下:

命令:_text
当前文字样式:宋体字 文字高度:2.5000 (提示当前文字样式)
指定文字的起点或[对正(J)/样式(S)]:(点取文字左下角,指定文字的左对齐点)
指定高度<2.5000> :(回车使用缺省值)
指定文字的旋转角度<0>:(回车定义角度为0)
输入文字:纵向受力钢筋(用键盘输入文字,下同)
输入文字:弯起钢筋
输入文字:(回车结束该命令)

结果如图9-6所示。接着上例注写"箍筋",操作步骤如下:

  命令:_text
  当前文字样式:宋体字 文字高度:2.5000
  指定文字的起点或[对正(J)/样式(S)]:(回车,起点为上一次文本的下一行)
  输入文字:箍筋
  输入文字:(回车结束命令)

结果如图9-7所示。

                纵向受力钢筋

  纵向受力钢筋   弯起钢筋

  弯起钢筋   箍筋

  图9-6 单行文字示例 图9-7 以回车响应起点示例

任务 3 多行文字创建

多行文字能一次输入多行文本、特殊字符及堆叠式分数,可以设定其中的文字具有不同的字体、颜色、高度等,并可以设置不同的行距,进行文字段落的缩进,文本的查找与替换,导入外部文本文件等。

1. 激活方式

(1) 功能区面板:"常用"→"注释"→"多行文字"或"注释"→"文字"→"多行文字"。
(2) 菜单栏:"绘图"→"文字"→"多行文字"。
(3) 命令行:输入"MTEXT"。
(4) 工具栏:  。

2. 步骤

执行以上任意一种操作后,命令行提示及操作如下:

  命令:MTEXT
  当前文字样式:"Standard" 文字高度:2.5
  指定第一角点:(在绘图区任意位置拾取一点)
  指定对角点或[高度(H)/对正(J)/行距(L)/旋转(R)/样式(S)/宽度(W)/栏(C)]:(在绘图区拾取一点,以这两点为对角点的矩形区域中键入多行文字)

3. 操作及选项说明

(1) 指定第一角点:指定多行文本输入矩形范围的第一个角点,这时屏幕上出现一个动态的矩形框。

(2) 指定对角点:指定多行文本输入矩形范围的另一个角点。在指定了第二个角点后会弹出图 9-8 或图 9-9 所示的多行文字编辑器。若不指定第二个角点,则可选择其他选项。

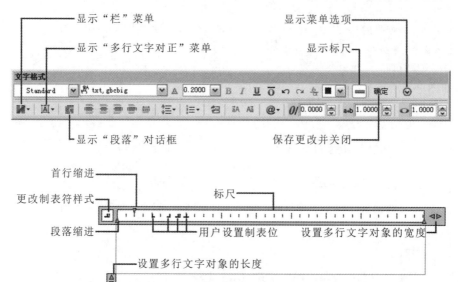

图 9-8 多行文字编辑器(经典工作空间)

(3) 高度(H):指定要输入文本的高度。

(4) 对正(J):设置对正方式,此时出现对正方式选项,详见单行文字输入中的选项说明。对正同时控制相对于文字插入点的文字对齐和文字走向。文字相对于定义文字宽度的边界框靠左对齐和靠右对齐。文字自插入点排列,插入点可以在结果文字对象的中间、顶部和底部。

(5) 行距(L):设置行距类型。有以下几种方式供选择:

①至少(A):确定行间距的最小值,根据行中最大字符的高度自动调整文字行。回车出现"输入行距比例或行距"提示。

②精确(E):精确确定行距,确保多个多行文字对象使用相同的行距。

(6) 旋转(R):指定文本行的旋转角度。

(7) 样式(S):指定用于多行文字的文字样式。

(8) 宽度(W):定义矩形框的宽度。在设定了矩形框的宽度后屏幕上出现多行文字编辑器窗口,此时可在其窗口内输入多行文字内容。多行文字对象每行中的单字可自动换行以适应文字边界的宽度。

(9) 栏(C):设置多行文字不分栏和分栏显示。

(10) 多行文字编辑器:在"文字格式"工具栏下方带有标尺的多行文字输入窗口内可直接输入文本内容。多行文字编辑器在 AutoCAD 经典工作空间显示如图 9-8 所示,在二维草图与注释工作空间显示如图 9-9 所示。

(11) 多行文字编辑快捷菜单:在多行文字编辑器中单击右键以显示快捷菜单。菜单顶层的选项是基本编辑选项:放弃、重做、剪切、复制和粘贴。后面的选项是多行文字编辑器特有的,如图 9-10 所示,实现特殊符号的键入、查找和替换文本、改变大小写等功能。

图 9-9　多行文字编辑器（二维草图与注释工作空间）

图 9-10　多行文字编辑快捷菜单

任务 4　编辑文字

编辑文字可以对已经输入的文字内容进行编辑修改。根据所选择的文字对象是用单行文字(TEXT)还是用多行文字(MTEXT)书写的,弹出不同的对话框来修改文字。如果采用特性编辑器,还可以同时修改文字的样式、位置、图层、颜色等。当然,也可以利用编辑命令对文字对象进行移动及旋转等操作。

1. 激活方式

(1) 菜单栏:"修改"→"对象"→"文字"。

(2) 命令行:输入"DDEDIT"。

(3) 工具栏：。

(4) 双击需要修改的文字。

2. 操作说明

执行以上操作后,如果选择了用单行文字命令创建的文本,文字变为可编辑状态,根据需要进行修改,修改完毕后在文字区域外单击鼠标左键退出。如果选择了用多行文字命令创建的文字,则弹出"文字编辑器"对话框,修改后关闭对话框。

除上述两种文字编辑方式外,用户还可以选中要编辑的单行文本,单击功能区面板上的"视图"选项卡→"特性"或菜单栏上的"修改"→"特性",或者单击鼠标右键,在弹出的快捷菜单中选中"特性",弹出"特性"对话框,在该对话框中编辑修改文字内容及属性。在"特性"对话框中,可以修改文字对象的内容、文字样式、对正、定义新的高度、旋转角度、宽度比例、倾斜角度、文字位置及颜色等。

任务 5 设置表格样式

在绘制表格前,一般需先设置好表格样式。

1. 激活方式

(1) 功能区面板:"常用"→"注释"→"表格样式"。

(2) 菜单栏:"格式"→"表格样式"。

(3) 命令行:输入"TABLESTYLE"。

(4) 样式工具栏:表格样式按钮。

2. 步骤

执行以上任意一种操作后,将弹出"表格样式"对话框,如图9-11所示。

单击"新建"按钮,将弹出"创建新的表格样式"对话框,如图9-12所示。在"基础样式"下拉列表中选择基础样式,并在"新样式名"文本框中输入新样式的名称,如"表格1",系统默认选择Standard样式。单击"继续"按钮,弹出"新建表格样式:表格1"对话框,如图9-13所示。

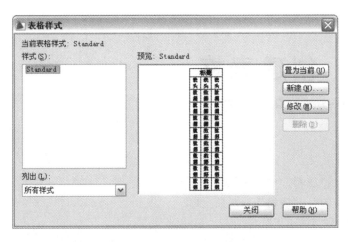

图 9-11 "表格样式"对话框

设置好各项后,单击"确定"按钮,返回到"表格样式"对话框,并将新定义的样式显示在"样式"列表框中。选中新建表格样式,单击"表格样式"对话框中的"置为当前"按钮,可将所选表格样式置为当前可使用的样式,同时完成新表格样式的设置。

图 9-12 "创建新的表格样式"对话框

图 9-13 "新建表格样式:表格 1"对话框

3. 选项及操作说明

在图 9-13 所示的"新建表格样式:表格 1"对话框中,各选项含义如下:

(1) 起始表格:用于让用户指定一个已有表格作为新建表格样式的起始表格。

(2) "表格方向"下拉列表框:用于确定插入表格时的表格方向,有"向下"和"向上"两个选择,"向下"表示创建由上而下读取的表,即标题行和列标题行位于表的顶部,"向上"则表示将创建由下而上读取的表,即标题行和列标题行位于表的底部。

(3) "单元样式"选项组:用户可以通过对应的下拉列表确定要设置的对象,即在"数据""标题"和"表头"之间进行选择。选项组中,"常规""文字"和"边框"3 个选项卡分别用于设置表格中的基本内容、文字和边框。

任务 6 创建表格

1. 激活方式

（1）功能区面板："注释"→"表格"。

（2）菜单栏："绘图"→"表格"。

（3）命令行：输入"TABLE"。

（4）绘图工具栏：表格。

2. 步骤

执行以上任意一种操作后，将弹出"插入表格"对话框，如图 9-14 所示，此对话框用于选择表格样式，设置表格的有关参数。

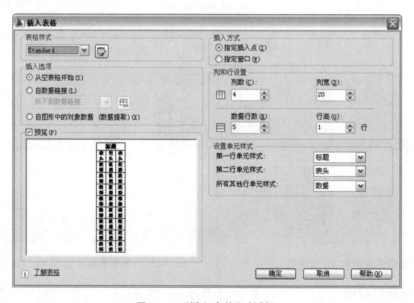

图 9-14 "插入表格"对话框

通过"插入表格"对话框确定表格数据后，单击"确定"按钮，而后根据提示确定表格的位置，即可将表格插到图形中，且插入后 AutoCAD 弹出"文字格式"工具栏，并将表格中的第一个单元格醒目显示，此时就可以向表格输入文字，如图 9-15 所示。

3. 选项及操作说明

在图 9-14 所示的"插入表格"对话框中，各选项含义如下：

（1）表格样式：选择所使用的表格样式。

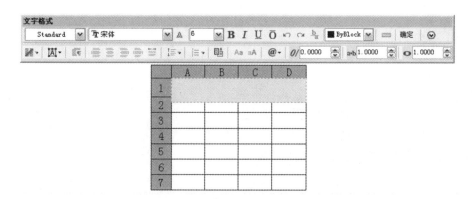

图 9-15　创建表格及输入标题内容

（2）插入方式：用于确定如何为表格填写数据。若选中"指定插入点"单选按钮，表示先指定行、列数及间距，再直接在绘图区中以指定的插入点插入表格；若选中"指定窗口"单选按钮，则需先指定列数量及行间距，再直接在绘图区中拖动一个窗口绘制出表格。

（3）列和行设置：设置表格中的行数、列数以及行高和列宽。

（4）设置单元样式：分别设置第一行、第二行和其他行的单元样式。

任务 7　编辑表格

选择整个表格，单击鼠标右键，从表格的快捷菜单中可以看到，可以对表格进行剪切、复制、删除、移动、缩放和旋转等简单操作，还可以均匀调整表格的行、列大小，删除所有特性替代。当选择"输出"命令时，还可以打开"输出数据"对话框，以 .csv 格式输出表格中的数据。当选中表格后，在表格的四周、标题行上将显示许多夹点，也可以通过拖动这些夹点来编辑表格。

选中表格中某个单元格后，单击鼠标右键，在弹出的快捷菜单中，可以对单元格编辑。该快捷菜单中主要选项的功能说明如下：

（1）对齐：可以选择表格单元的对齐方式，如左上、左中、左下等。

（2）边框：选择该命令将打开"单元边框特性"对话框，可以设置单元格边框的线宽、颜色等特性。

（3）匹配单元：用当前选中的表格单元格式（源对象）匹配其他表格单元（目标对象），此时鼠标指针变为刷子形状，单击目标对象即可进行匹配，它与对图形的"特性匹配"操作性质类似。

（4）插入点：选择其下级菜单中的"块"命令，将打开"在表格单元中插入块"对话框。可以从中选择插入表格中的块，并设置块在表格单元中的对齐方式、比例和旋转角度等特性。

（5）合并：当选择多个连续单元格后，可按行、按列合并单元格或全部合并单元格。

若在表格内双击，系统会打开多行文字编辑器，用户可以对指定表格单元的文字进行编辑。

1. 输入单行文字时,文字的对齐方式有哪些?
2. 单行文字和多行文字的区别是什么?
3. 怎样编辑单行文字及多行文字?
4. 编辑表格可以完成对表格的哪些调整?

学习情境 10 布局与打印

本章主要介绍如何用 AutoCAD 把绘制好的图形输出到绘图设备,内容包括模型空间与图纸空间、创建布局、浮动视口、打印样式、模型空间打印、布局打印。

任务 1　模型空间与图纸空间

AutoCAD 提供了两个并行的工作空间,即模型空间和图纸空间。模型空间是绘制与编辑图形的空间,是完成设计图形最初的地方,比如某段道路、市政管道的设计图。图纸空间生成的图形称为布局图,在完成图形模型的绘制后,可以选择创建一个布局图,以便将模型用合适的投影方向和比例打印输出到图纸。因此,图纸空间就是用于创建打印布局,是对图形最终输出效果的布置。通常,用户在模型空间进行二维或三维模型的构造和绘制工作时,由于模型空间具有无限大的图形区域,可以按 1∶1 的比例绘制;在图纸空间完成图纸的布局和注释、绘制边框与标题栏等。

任务 2　创建布局

所谓布局,即用图纸空间来模拟打印输出时的图纸以便能预览打印结果。在布局图中,可以创建和放置视区对象,也可以添加一些图块或几何图形,例如添加图框、标题栏或其他不属于设计模型本身,但属于需要的图形元素。实际上,可以将布局看作输出用的图纸。在这张图纸上,可以创建多个视口,以便从多个角度全面表达模型,也可以创建多个布局图,每个布局图用于一种表达需要。

一、使用默认创建的布局

AutoCAD 系统在绘图窗口底部有 布局1、布局2 两个标签可创建两个图面布局,如图 10-1 所示。单击其中一个进入创建布局图状态。这样创建的布局图为最简情况,其中只包含一个视口,并自动使用合适的大小单位使图纸能容纳下全部的图形内容。

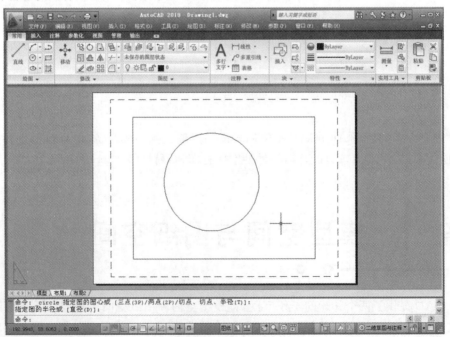

图 10-1　绘图窗口布局标签

二、创建布局的方法

1. 激活方式

(1) 菜单栏:"插入"→"布局"→"新建布局"/"来自样板的布局"/"布局向导"。

(2) 菜单栏:"工具"→"向导"→"创建布局"。

(3) 命令行:输入"LAYOUT"。

(4) 快捷方式:鼠标指向"模型"/布局选项卡,单击鼠标右键,弹出快捷菜单,单击"新建布局"命令,如图10-2所示。

2. 步骤

AutoCAD提供了操作向导来完成创建图面布局的工作,可以很方便地进行各种参数的设置,激活布局向导创建布局命令后,按照向导的操作步骤,按顺序完成图10-3所示的各个项目的操作。下面简述各步骤的主要内容。

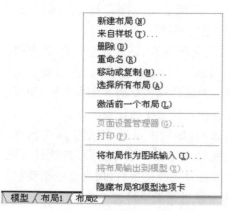

图10-2 单击快捷菜单中的"新建布局"命令　　图10-3 创建布局向导

(1) 选择"创建布局"进入"创建布局-开始"对话框,给出要创建的布局名称。

(2) 输入布局名称后,进入打印机选择页面。在此页面中选择用于打印本布局图的打印机。

(3) 选择好打印机后,进入图纸尺寸设置页面。在此页面中的下拉列表中选取需要的纸张大小,并在其下面的"图形单位"和"图纸尺寸"框中用毫米和英寸两种单位查看纸张的实际大小。

(4) 选择好纸张大小后,进入选择打印方向页面。在此页面中,选择在图纸上用横向或纵向打印图形。

(5) 选择完打印方向后,进入标题图框选择页面。在此页面的列表框中选择合适的由标题栏和图框构成的标准图块,用图块或外部引用的方式插入图形文件中。

(6) 选择好标题栏和图块后,进入选择定义视口页面。在此页面中,选择需要的视口数。可以选择无、单个、标准工程3D视区(即主视图、俯视图和左视图)以及阵列,并在其右边的下拉列表中选择视区的缩放比例,默认为与图纸配合比例。

(7) 选择好需要的视口后，进入视口位置选择页面。单击"选择位置"按钮，向导对话框将暂时消失，AutoCAD 在命令行提示下用鼠标在布局中选取视口在图纸上的位置。先后选取视口的两个对角顶点后，回到对话框中。

(8) 单击 完成 按钮，完成所有的设置工作。

任务 3 浮动视口

图纸空间可以理解为覆盖在模型空间上的一层不透明的纸，需要从图纸空间看模型空间的内容，必须进行开"视口"操作，也就是"开窗"，那"视口"则可以看作是在图纸空间这张"纸"上开的一个口子，这个口子的大小、形状可以随意使用。在视口里面对模型空间的图形进行缩放、平移、改变坐标系等的操作，可以理解为拿着这张开有窗口的"纸"放在眼前，然后离模型空间的对象远或者近（等效 ZOOM）、左右移动（等效 PAN）、旋转（等效 UCS）等操作，更形象地说，就是这些操作是针对图纸空间这张"纸"的，这就可以理解为什么在图纸空间进行若干操作，但是对模型空间没有影响的原因。如果不再希望改变布局，就需要"锁定视口"。

因此，浮动视口是在图纸空间创建的视口，用于在图纸空间观察、修改模型空间创建的模型。在构造布局图时，视图可划分为若干视口，便于显示图形不同位置的内容。在图纸空间中如果要编辑模型，必须激活浮动视口，进入浮动模型空间。激活浮动视口的方法有多种，如可执行 MSPACE 命令、单击状态栏上的"图纸"按钮或双击浮动视口区域中的任意位置。

图纸空间的浮动视口是与模型空间平铺视口相对而言的，区别主要是：模型空间中的视口是平铺视口，用来显示模型的不同部位，用户只能在当前视口中绘制和编辑图形，其数量有限，大小、位置固定，形状为矩形，且不能被编辑；图纸空间中的视口是浮动视口，用来显示模型空间的对象，其大小、形状、位置任意，数量可自定义，并可作为对象进行编辑修改。

一、删除、新建和调整浮动视口

在布局图中，选择浮动视口边界，然后按【Delete】键即可删除浮动视口。删除浮动视口后，单击菜单栏上的"视图"→"视口"→"新建视口"或功能区面板上的"视图"→"视口"→"新建"，将弹出"视口"对话框，如图 10-4 所示，在此对话框中可以创建新的浮动视口，此时需要指定创建浮动视口的数量和区域。

在图纸空间里，视口具有图形对象的特性，因此用户可以使用如移动、复制、拉伸等编辑命令对视口进行操作，也可采用视口的夹点和特性来编辑修改。

二、视口的比例缩放

新创建的视口默认显示比例是把模型空间中的图形全部最大化显示在视口中。改变浮动

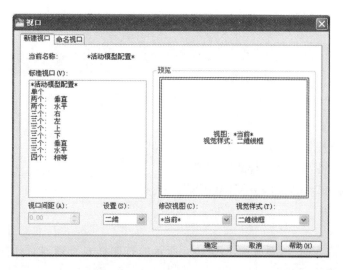

图 10-4 "视口"对话框

视口比例的常用方法是:选择要修改其缩放比例的浮动视口,状态栏中显示视口比例,可选列表中已有的比例,或自定义比例。

三、创立特殊形状的浮动视口

在删除浮动视口后,可以选择菜单栏上的"视图"→"视口"→"多边形视口"或功能区面板上的"视图"→"视口"→"创建多边形"来创建多边形的浮动视口,也可以将图纸空间中绘制的封闭多段线、圆、椭圆、样条曲线等对象设置为视口边界,这时可选择"视图"→"视口对象"命令或功能区面板上的"视图"→"视口"→"从对象创建"来创建。

任务 4 打印样式

AutoCAD 提供的打印样式可对颜色、线型、线宽、对象端点样式、图形填充模式、灰度比例、打印颜色深浅等进行控制,确定输出效果。打印样式管理器是一个窗口,显示了可用的打印样式表。打印样式表中收集了多组打印样式。打印样式由打印样式表中确定。打印样式表有两种类型:颜色相关打印样式表和命名打印样式表。一个图形只能使用一种类型的打印样式表。用户可以在两种打印样式表之间转换,也可以在设置了图形的打印样式表类型之后,修改所设置的类型。

颜色相关打印样式表是通过对象的颜色来确定线型、线宽等打印特征的,例如,图形中所有被指定为红色的对象均以相同的方式(线型、线宽等打印特征相同)打印。颜色相关打印样式表文件的扩展名为.ctb。命名打印样式表包括用户定义的打印样式。使用命名打印样式表时,可以使图形中的每个对象或每个图层以指定打印样式打印,而与对象本身的颜色无关。命名打印样式表文件的扩展名为.stb。

一、新建打印样式表

1. 激活方式

（1）菜单浏览器按钮："打印"→"管理打印样式"。

（2）菜单栏："文件"→"打印样式管理器"。

（3）命令行：输入"STYLESMANAGER"。

2. 步骤

选择上述方式输入命令，系统弹出图 10-5 所示的打印样式管理器对话框，在此对话框内列出了当前正在使用的所有打印样式文件。

图 10-5　打印样式管理器对话框

双击打印样式管理器对话框中的"添加打印样式表向导"，弹出"添加打印样式表"对话框，单击"下一步"按钮，出现"添加打印样式表-开始"对话框，选中"创建新打印样式表"，单击"下一步"按钮，在出现的"添加打印样式表-选择打印样式表"中选择颜色相关或命名打印样式表，单击"下一步"按钮，在"文件名"文本框中输入新建的打印样式名称，单击"下一步"按钮，在"添加打印样式表-完成"对话框中单击"打印样式表编辑器"按钮，为新建的打印样式选择需要的打印特征后，单击"保存并关闭"按钮，回到"添加打印样式表-完成"对话框中，单击"完成"按钮，此时在打印样式管理器中新增加了该打印样式文件。

二、编辑打印样式表

1. 激活方式

(1) 菜单浏览器按钮:"打印"→"管理打印样式"。

(2) 菜单栏:"文件"→"打印样式管理器"。

(3) 命令行:输入"STYLESMANAGER"。

2. 步骤

执行以上任意一种操作后,弹出图 10-5 所示的打印样式管理器对话框,双击任一种打印样式文件,弹出打印样式表编辑器对话框。该对话框中包含"常规""表视图""表格视图"三个选项卡,如图 10-6~图 10-8 所示。在各选项卡中可对打印样式进行重新设置。

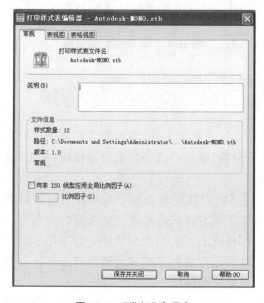

图 10-6 "常规"选项卡

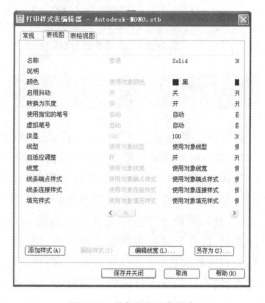

图 10-7 "表视图"选项卡

3. 选项卡的说明

(1)"常规"选项卡:在该选项卡中列出了打印样式表文件名、说明、版本号、位置和表类型,也可在此确定比例因子。

(2)"表视图"选项卡:在该选项卡中,可对打印样式中的说明、颜色、线宽等进行设置。单击 编辑线宽 按钮,系统弹出图 10-9 所示的"编辑线宽"对话框。在"线宽"列表中列出了 28 种线宽,如果列表中不包含所需线宽,可以单击 编辑线宽 按钮,对现有线宽进行编辑,但不能在列表中添加或删除线宽。

(3)"表格视图"选项卡:该选项卡与"表视图"选项卡的内容相同,只是表现的形式不一样。

在此可以对所选样式的特性进行修改。

图 10-8 "表格视图"选项卡

图 10-9 "编辑线宽"对话框

三、使用打印样式

页面设置管理器可以将打印样式表赋给图形文件。打开图形文件,在模型或布局里执行菜单"文件"→"页面设置管理器",在打开的"页面设置管理器"窗口中选择当前页面设置,单击"修改",在打开的窗口里就可以选择要采用的打印样式表。

AutoCAD总是默认选用颜色相关打印样式表,在页面设置管理器里不显示命名打印样式表时,要采用命名打印样式表必须运行命令"CONVERTPSTYLES"来指定要采用的命名打印样式表,以后就可以在页面设置管理器里找到命名打印样式表了。若图形文件已经采用了颜色相关打印样式表,还可以运行命令"CONVERTCTB"将颜色相关打印样式表转换成命名打印样式表,转换后的命名打印样式表里的各样式自动被赋予对应的图层。

若图形文件采用了命名打印样式表,命名打印样式表里的打印样式既可以指定给图层,也可以指定给某个图形对象。给当前图层指定打印样式的方法是:在图层特性管理器里将打印样式指定给各图层,单击菜单"格式"→"图层",或直接在工具栏上单击打开图层特性管理器,可以看到里面各图层的打印样式可用了,单击某图层的打印样式,可以重新选择打印样式。还可以单击菜单"格式"→"打印样式",给当前图层指定打印样式。给指定对象使用命名打印样式表的方法是:选中图形对象后单击菜单"格式"→"打印样式",就可以给选中的图形对象指定打印样式,也可以选中图形对象后在特性面板里指定,还可以在选中图形对象后直接用"特性"工具栏的"打印样式控制"工具指定。

如果指定给图形对象的打印样式与图形对象所在图层不一致,打印的时候将优先使用图形对象的打印样式。

任务 5 模型空间打印

在AutoCAD用户界面底部,有一组模型与布局选项控制按钮 模型 布局1 布局2 。该组按钮主要用于模型空间与图纸空间的切换。用户新建图形文件"Drawing.dwg"时,默认进入模型空间。通常,用户在绘制区域无限大的模型空间完成图形的绘制与修改。

在模型空间打印输出是一种传统图形输出方式。模型空间打印出图的具体方法如下。

一、启用"打印图形"命令

1. 激活方式

(1) 功能区面板:"输出"→"打印"。
(2) 菜单栏:"文件"→"打印"。
(3) 工具栏:在"标准"工具栏中单击"打印"按钮 。
(4) 命令行:输入"PLOT"。

2. 操作说明

选择以上任意方式,系统弹出"打印-模型"对话框,如图10-10所示。

在"打印-模型"对话框中包含"页面设置""打印机/绘图仪""图纸尺寸""打印区域""打印比例""打印偏移(原点设置在可打印区域)"等选项。其中,可以事先设置好打印的页面,在打印时调用需要的页面设置,其中"打印机/绘图仪""图纸尺寸"等相关打印参数已经被设置好了,可直接打印。打印页面设置的方法如下:

打印页面设置的方法如下。

(1) 功能区面板:"输出"→"打印"→"页面设置管理器"。
(2) 菜单栏:"文件"→"页面设置管理器"。
(3) 快捷菜单:右键单击"模型",在弹出的快捷菜单中选择"页面设置管理器",如图10-11所示。
(4) 菜单浏览器按钮:"打印"→"页面设置"。

执行完上述命令后,系统将弹出图10-12所示的"页面设置管理器"对话框。在模型空间出图时,"当前布局"提示为"模型"。

在此对话框中,单击 新建(N)... 按钮,系统将弹出图10-13所示的"新建页面设置"对话框。在此对话框的"新页面设置名"选项中,输入要设置的名称,单击 确定(O) 按钮,系统将弹出图10-14所示的"页面设置-模型"对话框,与图10-10所示的"打印-模型"对话框类似,下面介绍其中选项的说明。

图10-10 "打印-模型"对话框

图10-11 右键单击"模型",选择"页面设置管理器"

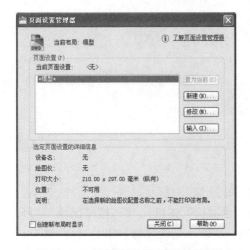
图10-12 "页面设置管理器"对话框

图10-13 "新建页面设置"对话框

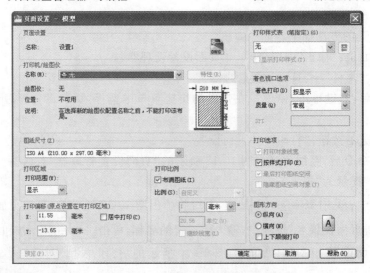
图10-14 "页面设置-模型"对话框

(1) 打印机/绘图仪：在"打印机/绘图仪"选项中可以选择输出设备、显示输出设备名称及一些相关信息。单击 名称 下拉列表，用户可以选择所需绘图设备。

a. 特性：单击 特性 按钮，系统弹出图 10-15 所示的绘图仪配置编辑器对话框。当用户需要修改图纸边缘空白区域的尺寸时，选择"修改标准图纸尺寸（可打印区域）"项，在图纸列表中指定某种图纸规格，单击 修改 按钮（见图 10-16），系统弹出"修改标准图纸尺寸（可打印区域）"对话框，在此输入"上、下、左、右"空白区域值，并在预览中看到空白区域的位置，单击 下一步 按钮，直至完成返回"页面设置-模型"对话框。也可以在"设备和文档设置"选项卡中选择"自定义特性"。

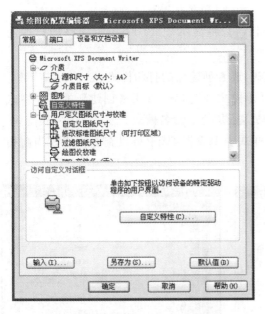
图 10-15　绘图仪配置编辑器对话框

图 10-16　选择"修改标准图纸尺寸（可打印区域）"

b. 绘图仪：显示当前所选页面设置中指定的打印设备。

c. 位置：显示当前所选页面设置中指定的输出设备的物理位置。

d. 说明：显示当前所选页面设置中指定的输出设备的说明文字。可以在绘图仪配置编辑器中编辑这些文字。

e. 局部预览：精确显示相对于图纸尺寸和可打印区域的有效打印区域。工具栏提示显示图纸尺寸和可打印区域。

(2) 图纸尺寸：显示所选打印设备可用的标准图纸尺寸。如果未选择绘图仪，将显示全部标准图纸尺寸的列表以供选择。

(3) 打印区域：指定要打印的图形部分。在"打印范围"下，可以选择要打印的图形区域。

a. 范围：打印包含对象的图形部分的当前空间。当前空间内的所有几何图形都将被打印。打印之前，可能会重新生成图形以重新计算范围。

b. 显示：打印选定的"模型"选项卡视口中的视图或布局中的当前图纸空间视图。

c. 窗口:打印指定的图形部分。如果选择"窗口","窗口"按钮将成为可用按钮。单击"窗口"按钮以使用定点设备指定要打印区域的两个角点,或输入坐标值。

d. 图形界限:打印布局时,将打印指定图纸尺寸的可打印区域内的所有内容,其原点从布局中的(0,0)点计算得出。从"模型"选项卡打印时,将打印栅格界限定义的整个图形区域。如果当前视口不显示平面视图,该选项与"范围"选项效果相同。

(4) 打印偏移:指定打印区域相对于可打印区域左下角或图纸边界的偏移。

(5) 打印比例:控制图形单位与打印单位之间的相对尺寸。打印布局时,默认缩放比例设置为1∶1。从"模型"选项卡打印时,默认设置为"布满图纸"。

(6) 预览:按执行"PREVIEW"命令时在图纸上打印的方式显示图形。要退出打印预览并返回打印对话框,可按【Esc】键。

单击图 10-10 所示打印对话框中右下角的按钮 ,将显示图 10-17 所示完整的打印对话框。

(7) 打印样式表(笔指定):设置、编辑打印样式表,或者创建新的打印样式表。

a. 下拉列表中如果选择"新建",将显示"添加打印样式表"向导,可用来创建新的打印样式表。显示的向导取决于当前图形是处于颜色相关模式,还是处于命名模式。

b. 单击打印样式表旁的"编辑"按钮:显示打印样式表编辑器,从中可以查看或修改当前指定的打印样式表的打印样式,如图 10-18 所示。

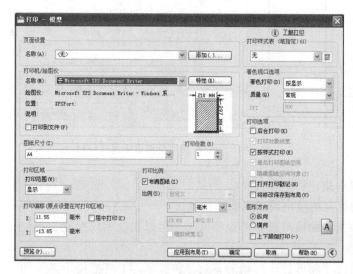
图 10-17　完整的打印对话框

图 10-18　打印样式表编辑器

(8) 着色视口选项:指定着色和渲染视口的打印方式,并确定其分辨率大小和每英寸点数。

(9) 打印选项:指定线宽、打印样式、着色打印和对象的打印次序等选项。

(10) 图形方向:为支持纵向或横向的绘图仪指定图形在图纸上的打印方向。图纸图标代表所选图纸的介质方向。字母图标代表图形在图纸上的方向。

二、开始打印

在完成了绘图设备、图纸大小、打印范围、方向、比例等的设置并经预览正确无误后,就可以单击 确定 按钮,开始打印出图。

任务 6 布局打印

布局中激活打印的命令与模型空间中的相同,在弹出的"打印-布局"对话框里,可以选择事先在布局里设置好的打印页面设置,预览无误后确定打印,已保存的页面布局可以在其他布局中使用。

布局打印时,在布局中做好设置(如绘图仪、图纸尺寸、打印方向、比例等),打印时单击"应用到布局"后,该布局就与此页面设置相关联了,以后在此布局中打印总是默认选用设置好的页面布局。

1. 布局打印步骤

下面以布局打印带有 A3 图框的图形为例,说明布局打印的步骤。

(1) 在模型空间里做好 A3 的 1∶1 的图框。

(2) 新建布局,右击布局按钮,在弹出的快捷菜单中选择"页面设置管理器",在弹出的对话框中,单击修改,设置好打印机、纸张和打印比例,注意打印比例是 1∶1,之后确定,这时所看到的布局空间的虚线部分就是一张 1∶1 的 A3 纸。

(3) 双击布局空间中间的浮动视口,在布局中进入了模型空间,再双击中键就可看到模型空间里所有的图,找到 1∶1 的 A3 图框,选中,再使用【Ctrl+C】,之后光标移动到布局里视口之外双击,就进入了布局空间,之后按【Ctrl+V】将 A3 图框放到布局里合适的位置上。

(4) 可以根据需要将多边形转为视口。在视口里双击,就可以进入模型空间,在视口工具条上选择比例,布局打印时选择 1∶1。在视口工具条上所选择的比例就是出图比例。

2. 操作说明

(1) 标准图框:每个工程在进行之前,都应该做一个标准图框供参与该项目的所有人员使用,以做到出图风格的一致。

(2) 线型比例:有时在模型空间设置的线型为虚线,在图纸空间显示的却为实线,这是线型比例问题,调整"线型比例"时,因为使用不同的线型会导致比例值差异很大,"线型比例"过大或过小在模型空间都会显示不出线型来,所以建议像虚线等不同线型可用颜色来区分。

(3) "页面设置":鼠标右键单击"布局 1",在快捷菜单中选择"页面设置"。其设置界面跟打印设置界面基本一样,如果这次的打印需要与上次打印设置基本一样,直接选上一次打印的布局即可完成大部分设置工作,但要注意单击"窗口"以选择打印范围,然后确定,预览一下,便可以打印输出了。

1. 什么是模型空间,什么是图纸空间,二者的区别是什么?
2. 创建布局的方法分别有哪些?
3. 颜色相关打印样式表的概念是什么?
4. 命名打印样式表的概念是什么?

学习情境 11 道路工程图的绘制

道路工程图以地形图为平面图,纵向展开断面图(纵断面图)为立面图,横断面图为侧面图,各自画在单独的图纸上,其长、宽、高三向尺寸相差悬殊,受地形影响大、组成复杂。

路线图包括路线平面图、路线纵断面图和横断面图。

任务 1 路线平面图

路线平面图主要包括地形和路线两部分。路线平面设计的主要任务是平面线型的选择和定位、确定道路走向、沿线两侧一定范围内的地形、地物情况及结构物的平面位置。由于路线具有狭长特点,通常把整条路线分段画在多张图纸上,在每张图纸上注明序号、张数、指北针和拼接标记等。

一、地形部分

(1) 比例:路线平面图的地形图可根据地形起伏采用相应比例。城镇区一般采用1∶500或1∶1000,山岭重丘区一般采用1∶2000,微丘和平原区一般采用1∶5000。

(2) 方位:为了表示路线所在地区的方位和路线走向,在路线平面图上应画出指北针或坐标网。指北针箭头指向正北,坐标方位的规定同地形图,其X轴向为南北方向(坐标值增加的方向为北),Y轴向为东西方向(坐标值增加的方向为东)。坐标值标注在被标注点旁,书写方向应平行于网格或在网格延长线上,在数值前应标注坐标轴线代号。图11-1所示的某公路路线平面图采用坐标网表示的方法,可以看出道路的走向大致是从东向西的。

(3) 地形:路线平面图中地形起伏主要采用等高线表示。等高线能反映出地面实际高度与起伏状况,等高线越密,地势越陡,等高线越疏,地势越缓。

(4) 地物:地物按比例缩小画在图纸上时,只能用简化的规定符号表示。在路线平面图中地面上的地物如河流、道路、桥梁、房屋、电力线、植被等,都是按照标准图例绘制的。

二、路线部分

1) 设计路线

由于路线平面图所采用的绘图比例较小,公路的宽度无法按实际尺寸画出,因此在路线平面图中,设计路线使用加粗实线表示路线部分。

2) 里程桩

道路路线总长度和各段之间的长度用里程桩号表示。一般在道路中心线上从起点到终点,沿前进方向由小到大依次顺序编号。里程桩分公里桩和百米桩两种。公里桩宜标注在路线前进方向的左侧,在桩位符号上面注写"K1",即表示距离路线起点1 km;百米桩宜标注在路线前进方向的右侧,用垂直于路线的细短线标示桩位,用字头朝向前进方向的阿拉伯数字表示百米数,注写在短线的端部。同时,也可采用垂直于路线的短细线表示公里桩和百米桩,如桩号为K1+200,表示距路线起点1.2 km。

3) 平面线

道路路线在平面上是由直线段和曲线段组成的,在路线的转折处应设置平曲线。常见的较简单的平曲线为圆曲线,其主要基本几何要素如下:

(1) 交角点JD,是路线的两直线段的理论交点。

(2) 转折角α,是路线前进时的偏转角。

(3) 圆曲线半径R,是连接圆弧的半径长度。

(4) 切线长T,是切点与交角点之间的长度。

(5) 外矢距E,是曲线中点到交角点的距离。

(6) 曲线长L,是圆曲线两切点之间的弧长。

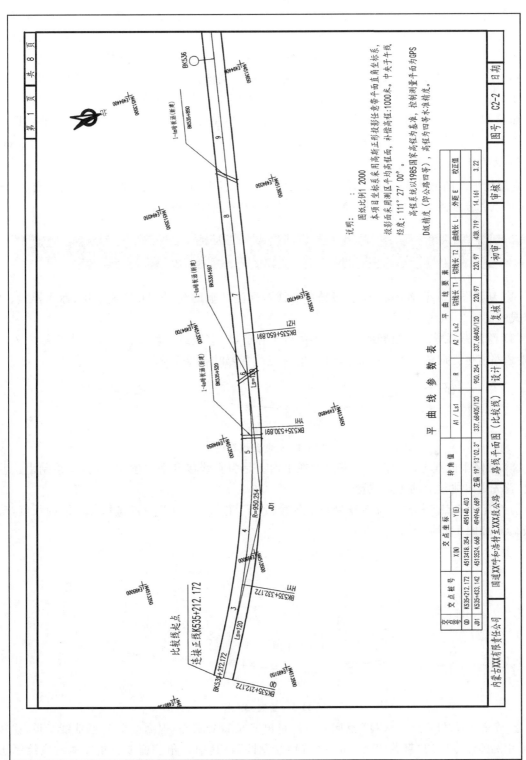

图11-1 某公路路线平面

(7) 缓和曲线 Ls,是从切点到圆曲线端点的长度。

在路线平面图中,转折处应注写交角点代号并依次编号,如 JD3 表示第 3 个交角点,还要注写曲线段的起点 ZY(直圆)、中点 QZ(曲中)、终点 YZ(圆直)的位置。为了将路线上各段平曲线的几何要素值表示清楚,一般还应在图中适当位置列出平曲线参数表,如图 11-1 所示。如果设置缓和曲线,则要将缓和曲线与前、后段直线的切点,分别标记为 ZH(直缓点)、HZ(缓直点);将圆曲线与前、后段缓和曲线的切点,分别标记为 HY(缓圆点)和 YH(圆缓点)。

如图 11-1 所示,该图中这段公路在交角点 JD1 处向左转折,圆曲线半径 R＝950.254,图中注出了 JD1 等的位置并列出了平曲线参数表。

4) 结构物和控制点

在路线平面图上还需标示出道路沿线的结构物和控制点,如桥梁、涵洞、通道、立交、三角点、水准点和导线点等。如图 11-1 所示,标示了 1～4 m 新建暗板涵。

三、道路中心线的绘制步骤

(1) 新建图层。设置图层名为"道路中心线""标注""辅助线"等,并完成图层、标注样式、文字样式的设置。

(2) 绘制路线导线。根据地形图提供的点坐标值,以直线或多段线命令结合点坐标输入方式,沿道路前进方向依次确定起点、交角点和终点位置,如图 11-2 所示。

图 11-2 绘制路线导线

(3) 确定平曲线上的主点。道路路线在平面上是由直线段和曲线段组成的,要绘制出这些曲线,首先定出曲线上的主点位置。

① 确定 QZ 点。构造线命令绘制角平分线 JD1F,沿 JD1F 向 F 方向量取外矢距的长度,确定 QZ 点,如图 11-3 所示。

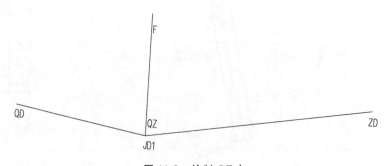

图 11-3 绘制 QZ 点

② 确定 YH、HY 点。从 QZ 点向 F 方向量出 R 值得到圆心,根据 QZ 点、圆曲线半径、偏转角,可用圆弧命令中的"起点、圆心、角度"选项绘制圆弧,其中正角度值或负角度值对应绘制出圆弧的另一个端点就是 YH 或 HY 点,如图 11-4 所示。

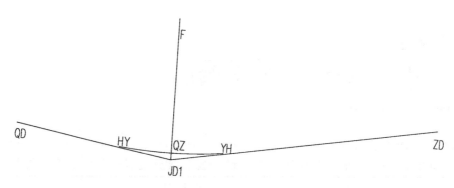

图 11-4　绘制 YH 和 HY 点

③ 从 JD1 点分别向 QD 和 ZD 方向量取切线 T 长度,得到 ZH 点和 HZ 点。删除辅助线,设点样式为可见,得到的图形如图 11-5 所示。

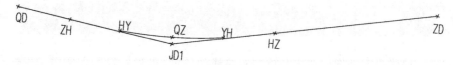

图 11-5　绘制 ZH 和 HZ 点

(4) 平曲线的绘制。在 AutoCAD 中采用样条曲线命令绘制出的曲线非常接近公路中的平曲线形状,在常用比例尺下,人眼无法分辨出两者在图纸上的区别,因此可以用多段线命令绘制通过 ZH、HY、QZ、YH、HZ 五点的折线,再用编辑多段线(PEDIT)命令选择"S(样条曲线)"选项;也可采用样条曲线命令绘制通过 ZH、HY、QZ、YH、HZ 五点并与路线导线相切于 ZH、HZ 点、与圆弧相切于 HY 和 YH 点的样条曲线即为所求曲线,如图 11-6 所示。

图 11-6　绘制通过 ZH、HY、QZ、YH、HZ 点的平曲线

(5) 道路中心线的编辑。利用编辑多段线(PEDIT)命令,将构成道路中心线的所有直线段和平曲线段连成一条多段线,其中每一段直线和平曲线均称为线元,注意所有线元要首尾相接才能组合。修改道路中心线线型为点划线,沿道路中心线标注桩号,在各整桩和加桩处标注相应桩号。

(6) 坐标值的标注。标注起点坐标、终点坐标、各交点坐标、各交叉口中心坐标、相交河道桥涵交点坐标等。最终得到图 11-1 所示的路线平面图中的路线中心线。

另外,利用相关道路设计软件,可方便地绘制平曲线段、标注桩号、坐标、平曲线要素等。

说明:完成该图形绘制的方法有多种,以上提供的仅为参考绘图步骤,读者可以用不同步骤及方法绘制。

任务 2 路线纵断面图

路线的纵断面图是用假想的铅垂剖切面沿道路的中心线纵向剖切后所得到的断面图,表示出路线中心的地面起伏情况及路线的纵向设计坡度(也称拉坡)和竖曲线。将其与平面图结合,就能准确定出道路的空间位置。路线纵断面图包括图样和资料表两部分,一般图样画在图纸的上部,资料表布置在图纸的下部。图 11-7 为某公路 K535+600～K536+300 段的路线纵断面图。

一、图样部分

(1) 比例。路线纵断面图的横向长度表示路线的长度(里程),纵向高度表示设计线和地面的标高。由于路线和地形的高程变化比路线的长度要小得多,为了在路线纵断面图上清晰地显示出高程的变化和设计上的处理,绘制时一般纵向比例要比横向比例放大数倍。如图 11-7 所示,该图横向比例为 1∶2000,而纵向比例选择 1∶200。为了便于画图和读图,还应在纵断面图的左侧按纵向比例画出高程标尺。

(2) 地面线和设计线。在路线纵断面图中,不规则的细折线为设计中心线处的地面线,是根据原地面上沿线各点的实测中心桩高程而绘制的。粗实线为公路纵向设计线,由直线段和竖曲线组成,是根据地形起伏和公路等级按相应公路工程技术标准确定的。设计线上各点的标高通常是指二级以下公路路基边缘的设计高程,或一级公路和高速公路中央分隔带外缘的设计高程。比较地面线与设计线的相对位置,可以确定填挖地段和填挖高度。

(3) 竖曲线。在设计线的纵向坡度变更处(变坡点)应按公路工程技术标准规定设置竖曲线,以利于汽车平稳行驶。竖曲线分为凹和凸两种,在图中分别用"⌣"和"⌢"符号来表示,符号中部的竖线对准变坡点,竖线两侧标注变坡点的里程桩号和变坡点的高程。符号的水平线两端应对准竖曲线的起点和终点,水平线上应标注竖曲线要素值(半径 R、切线长 T、外矢距 E)。

(4) 沿线构造物。道路沿线如设有桥梁、涵洞和通道等构造物时,应在其相应设计里程和高程处按图例绘制并注明构造物名称、种类、大小和中心里程桩号。如图 11-7 所示,在 K535+764.4 里程桩处设有 1～4 m 钢筋砼暗板涵。

二、资料表部分

路线纵断面图的资料表是与图样上下对应布置的,这种表示方法能较好地反映出纵向设计线在各桩号处的高程、填挖方量、地质条件、坡度以及平曲线与竖曲线的配合关系。资料表部分主要包括以下内容:

(1) 地质概况。根据实测资料,注写出沿线各段的地质情况。

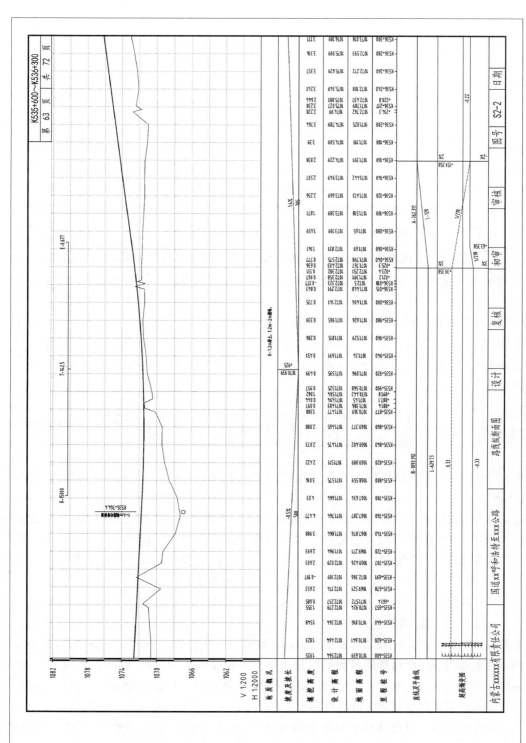

图11-7 某公路路线纵断面图

(2) 坡度及坡长。标注设计线各段的纵向坡度和水平长度。该栏中的对角线表示坡度方向,左下至右上表示上坡,左上至右下表示下坡,坡度及坡长分注在对角线的上下两侧。

(3) 高程。表中有设计高程和地面高程两栏,它们应和图样互相对应,分别表示设计线和地面线上各点(桩号)的高程。

(4) 填挖高度。设计线在地面线下方时需要挖土,设计线在地面线上方时需要填土。挖或填的高度值应是各点(桩号)对应的设计高程与地面高程之差的绝对值。

(5) 里程桩号。沿线各点的桩号是按测量的里程数值填入的,单位是 m,桩号从左向右排列。在平曲线的起点、中点、终点和桥涵中心点等处可设置加桩。

(6) 直线及平曲线。在路线设计中,竖曲线与平曲线的配合关系直接影响着汽车行驶的安全性和舒适性,以及道路的排水能力,因此《公路路线设计规范》(JTG D20—2017)对路线的平纵配合提出了严格的要求。由于道路路线平面图与纵断面图是分别表示的,因此可在纵断面图的资料表中以简约的方式表示出平纵配合关系。在该栏中,以"—"表示直线段;以"⊓""⊔""▯""▯"四种图样表示平曲线段,其中前两种表示设置缓和曲线的情况,后两种表示不设缓和曲线的情况,图样的凸凹表示曲线的转向,上凸表示右转曲线,下凹表示左转曲线。

(7) 超高渐变图。为了减小汽车在弯道上行驶时的横向作用力,道路在平曲线处需设计成外侧高、内侧低的形式,道路边缘与设计线的高程差称为超高。在图 11-7 的该栏中,居中且贯穿全栏的直线表示设计高程,上侧折线(虚线)表示左幅路面的超高,下侧折线(细实线)表示右幅路面的超高。

三、路线纵断面图的绘制步骤

(1) 设置图层。根据路线纵断面图中包括的内容设置表头栏图层、地面线图层、设计线图层、标注图层等。

(2) 表头栏的绘制。将表头栏图层置为当前图层。用直线命令绘制表头栏底线。将此底线向上依次偏移,分别得到"直线及平曲线""里程桩号""地面高程""设计高程""填挖高度""坡度及坡长""地质概况"各栏线,每一栏的尺寸以填写项所占范围为准。再绘制距离最左端一定距离的垂直线,作为表头与内容区的分界,注写表头文字,如图 11-8 所示。

(3) 绘制高程标尺。激活矩形命令,以表头栏竖线的顶端作为起点向左上绘制矩形,将其上下边中心点以直线连接,将该矩形向上复制一次,使其上下相连,填充下方矩形右侧,填充上方矩形左侧,接着选中全部两个矩形,根据需要选阵列成一列数行,注意标尺标高数值范围应涵盖本图原地面和设计地面标高的最大值与最小值。当设计道路较长时,纵断面图可分幅,分幅后的每张图均应包含表头和高程标尺,但标尺标高数值范围可以根据道路设计标高的变化调整而不同。注写横纵比例及标高数值后得到图 11-9 所示。

(4) 网格的绘制。可以选择 Dot 作为网格线型,先绘制横向、纵向网格线,再阵列出网格。网格长度可以高程标尺最小单位长度为阵列距离,以便于后续作图中精确找准点位,绘制完成后如图 11-10 所示。

地质概况	
坡度及坡长	
填挖高度	
设计高程	
地面高程	
里程桩号	
直线及平曲线	

图 11-8 绘制表头栏

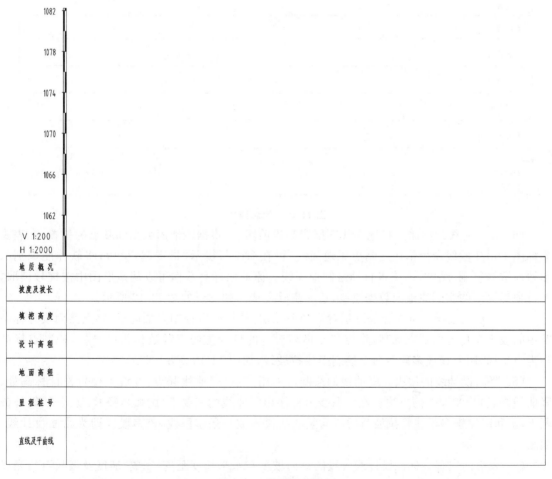

图 11-9 绘制高程标尺

（5）表格数据填写。在纵断面图上测量各桩号线处的原地面标高、设计路面标高、填挖高差，将这些数值填写在桩号线左侧的对应栏目中。注意桩号位置按横向比例确定，如图 11-11 所示。

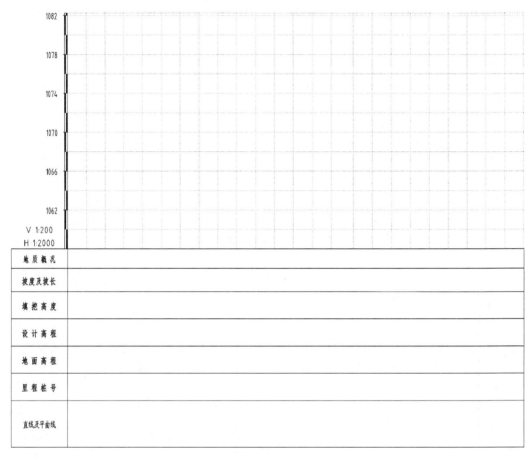

图 11-10 绘制网格

(6) 原地面线的绘制。将地面线图层置为当前图层,根据原地面数据和基点的位置,在表头坐标图上用多段线命令依次绘制出原地面线,可在命令行提示"指定起点"后,将软件能识别的原地面数据复制、粘贴,系统将自动绘制地面线。原地面标高数据可以从地形图中按桩号读取,也可根据提供的实测原地面数据绘制,这一步骤完成后的图形如图 11-12 所示。

(7) 绘制拉坡线。将设计线图层置为当前图层,计算确定控制点如起点、终点路面设计标高及中间坡度变化处的折点标高,将控制点标高对应的里程桩的里程数作为横坐标,控制点标高作为纵坐标,用直线或多段线命令绘制形成拉坡线,如图 11-13 所示。

(8) 路面设计线的编辑。竖曲线的绘制可采用三点(竖曲线起点、变坡点位置设计标高处、竖曲线终点)绘制圆弧的方法。在竖曲线上标注出竖曲线的三要素(圆弧半径 R、切线长 T、外矢距 E)。利用编辑多段线将拉坡直线段与竖曲线段连成一条多段线,该多段线即为路面设计线,如图 11-14 所示。

(9) 表格的完善。标注设计线各段的纵向坡度与水平长度距离,完成"坡度及坡长"栏,完成表示平纵配合关系的"直线及平曲线"栏以及"地质概况",如图 11-15 所示。

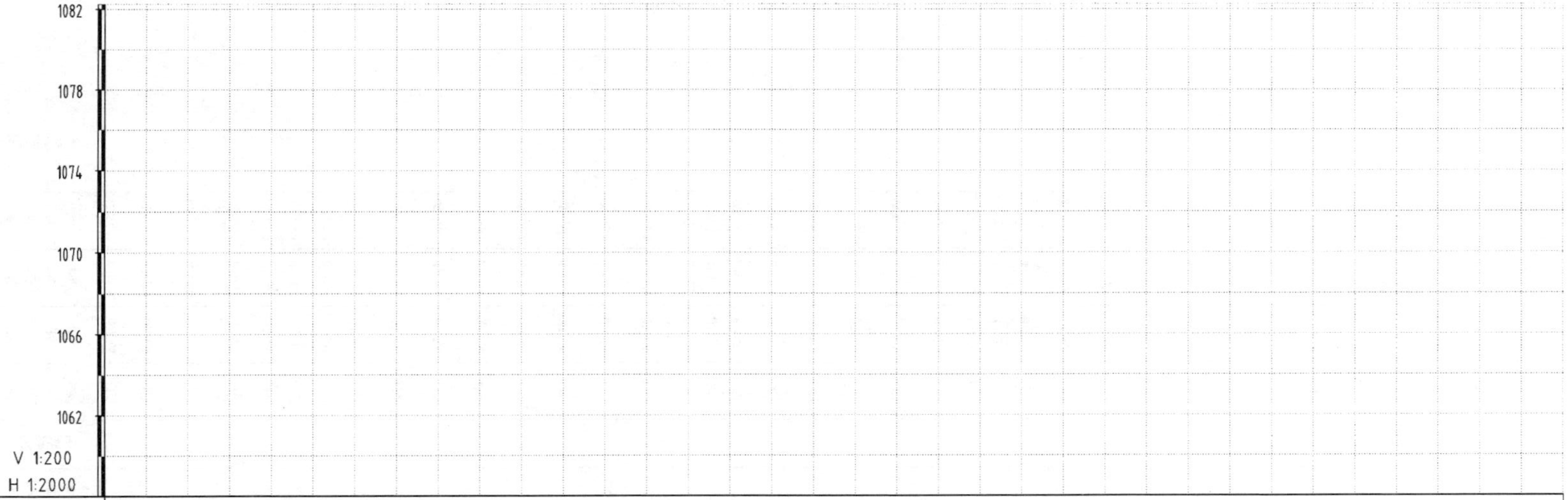

图11-11 填写表格数据

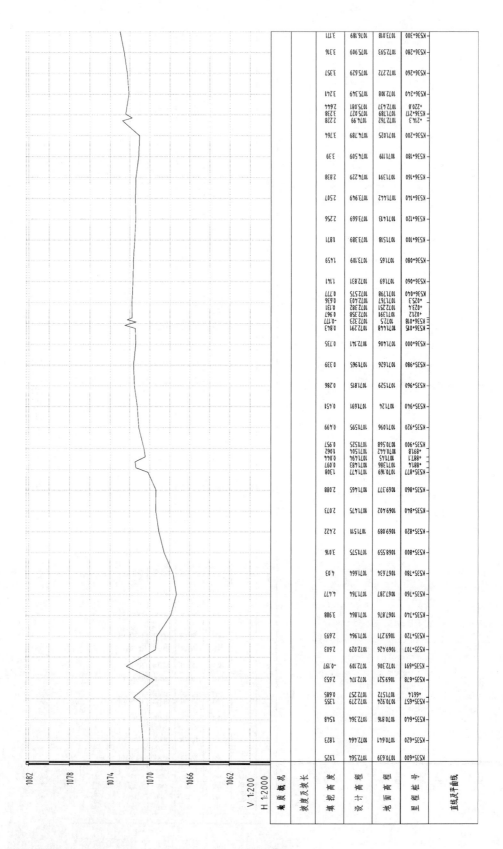

图11-12 绘制原地面线

学习情境 11
道路工程图的绘制

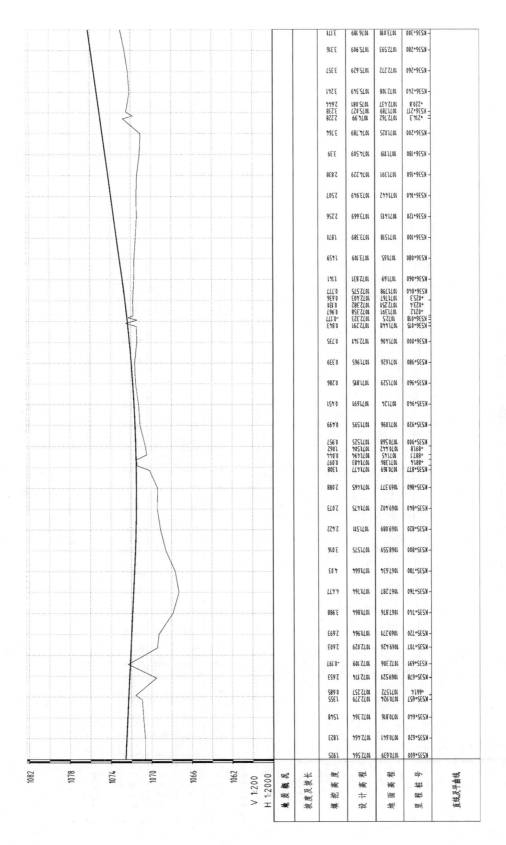

图 11-13 绘制拉坡线

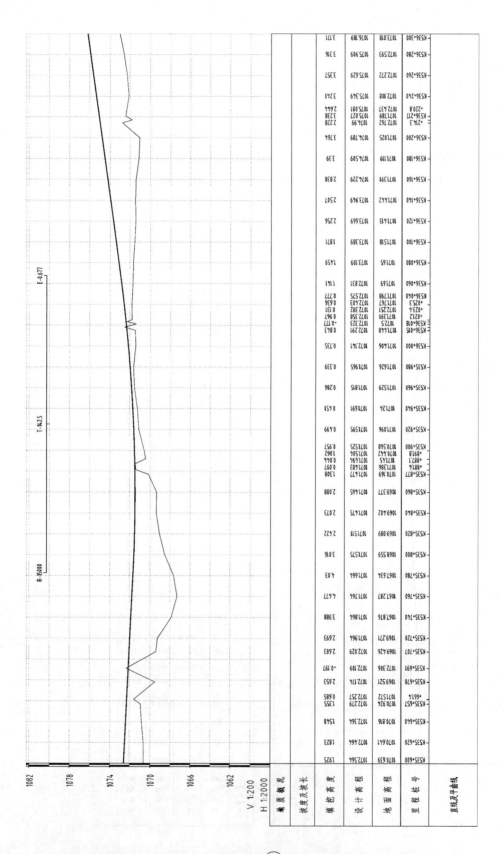

图11-14 编辑路面设计线

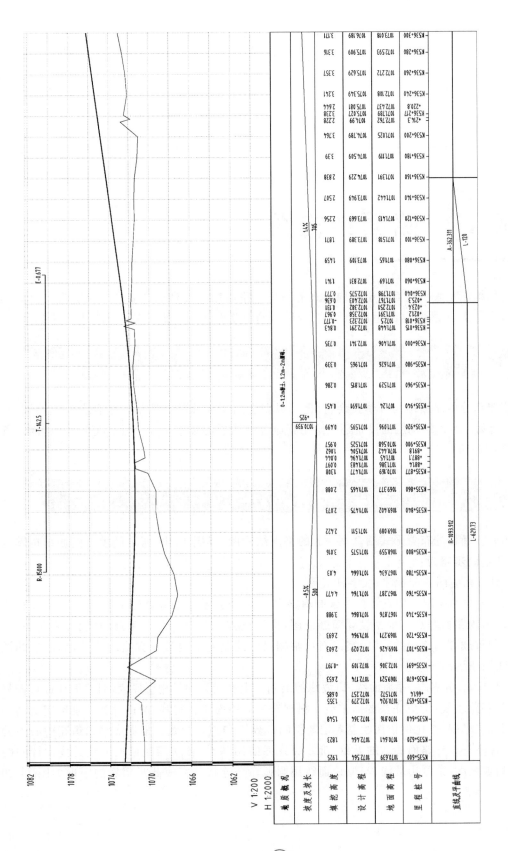

图11-15 完善表格数据

(10) 桥涵等构造物的绘制，插入图框，完成纵断面图的绘制。标注圆管涵、箱涵、盖板涵等时，最好先绘制好标准符号并定义为块，再利用图块插入命令插入，最终完成图 11-7 所示的某公路路线纵断面图。

> 说明：完成该图形绘制的方法有多种，以上提供的仅为参考绘图步骤，读者可以用不同步骤及方法绘制。

任务 3　路面结构图

路面结构图是表示路面各层结构形式的图样。路面结构设计的主要任务是合理安排路面结构的各个层次，选择经济合适的路面结构材料，确保路面在设计使用期限内满足使用要求。

一、图样说明

各组成部分的路面结构可单独绘制，也可根据道路横断面的布置形式结合在一起绘制，如图 11-16 所示。路面结构层的设置还应给出相应各结构层的技术指标（见图 11-17）和路面边部构造（见图 11-18）。

二、路面结构图的绘制步骤

与道路横断面的布置形式结合在一起的路面结构图，以图 11-16 所示的填方路面结构图为例，其主要绘制步骤为：

（1）设置相应图层和标注、文字样式等。

（2）路面线的绘制。用直线命令绘制道路中心线，取道路中心线处的车行道交点（或车行道延长线交点）为路面基点。根据设计横断面图，按行进方向分别绘制左侧路面线、右侧路面线。本例先绘制重载方向路面线，其中路缘石可根据尺寸绘制好后再复制到指定位置，完成后的图形如图 11-19 所示。

（3）路基线、分界线、原地面线、边坡线的绘制。根据设计的结构层厚度，对路面线进行偏移操作，连接各路基线，形成完整的路基线。根据选定的路面结构材料，通过计算分别确定机动车道等路面分层厚度，按比例依次绘制各层断面的分界线和铺装边线。根据实测的道路中心线处的原地面标高与设计路面标高的差值，确定原地面线的基点，依次绘制原地面线。按设计的路肩宽度、边坡坡度，绘制边坡线，与原地面线用圆弧命令连接。完成此步骤后的图形如图 11-20 所示。

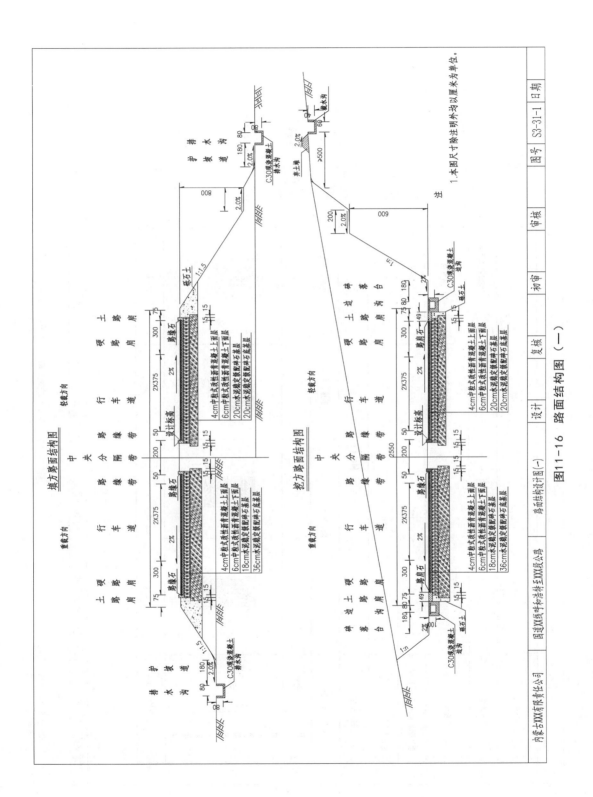

图11-16 路面结构图(一)

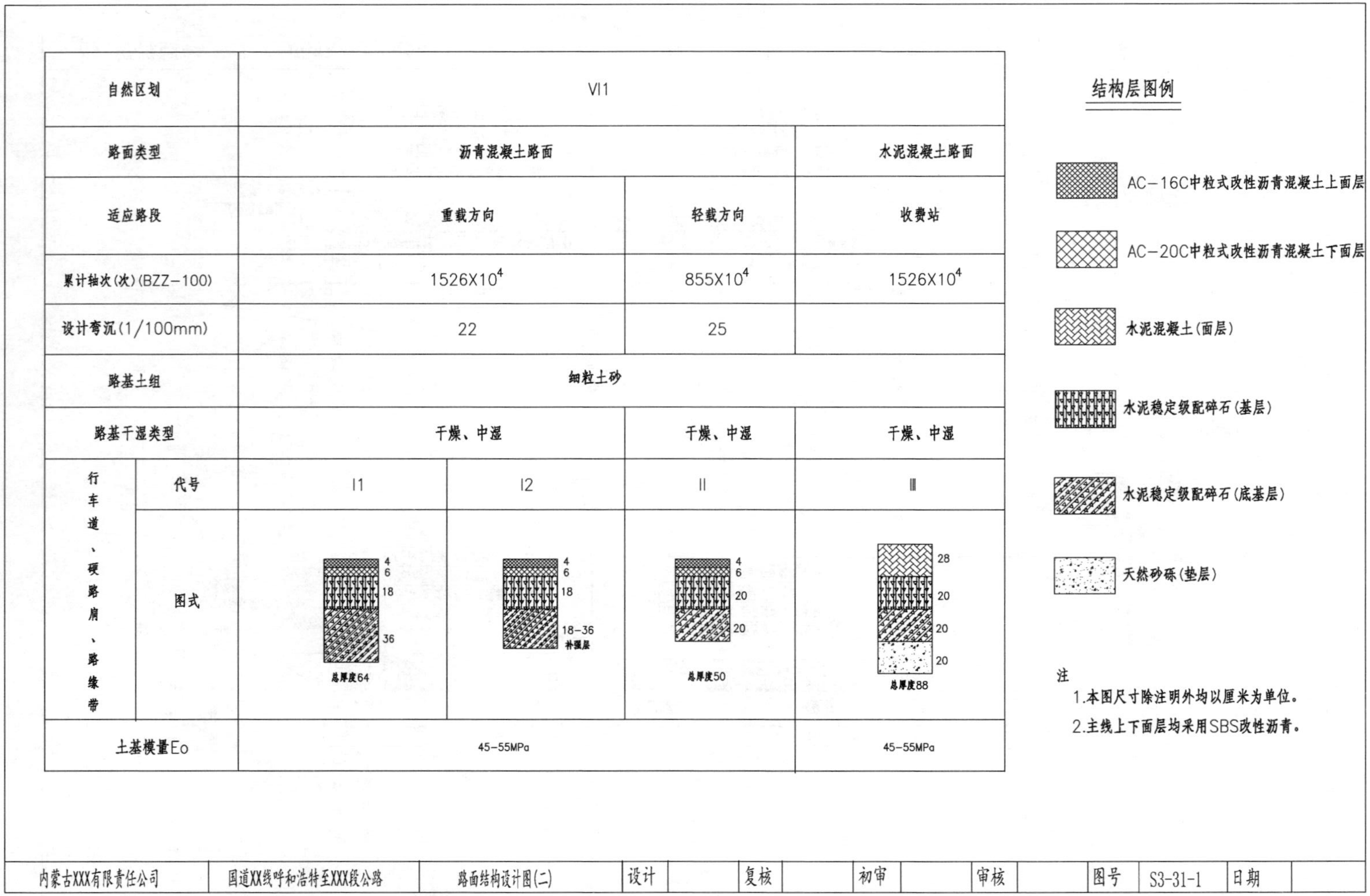

路面结构设计图（二）

自然区划	VII		
路面类型	沥青混凝土路面		水泥混凝土路面
适应路段	重载方向	轻载方向	收费站
累计轴次（次）(BZZ-100)	$1526×10^4$	$855×10^4$	$1526×10^4$
设计弯沉（1/100mm）	22	25	
路基土组	细粒土砂		
路基干湿类型	干燥、中湿	干燥、中湿	干燥、中湿
代号	I1	I2	III
行车道、硬路肩、路缘带 图式	4/6/18/36 当量厚64	4/6/18/18-36 补强层 当量厚50	28/20/20/20 当量厚88
土基模量 E_0	45-55MPa		45-55MPa

结构层图例

- AC-16C中粒式改性沥青混凝土上面层
- AC-20C中粒式改性沥青混凝土下面层
- 水泥混凝土（面层）
- 水泥稳定级配碎石（基层）
- 水泥稳定级配碎石（底基层）
- 天然砂砾（垫层）

注：
1. 本图尺寸除注明外均以厘米为单位。
2. 主线上下面层均采用SBS改性沥青。

内蒙古XX有限责任公司	国道XX线峰和浩特主XX段公路	路面结构设计图（二）	设计	复核	初审	审核	图号 S3-31-1
							日期

图11-17 路面结构图（二）

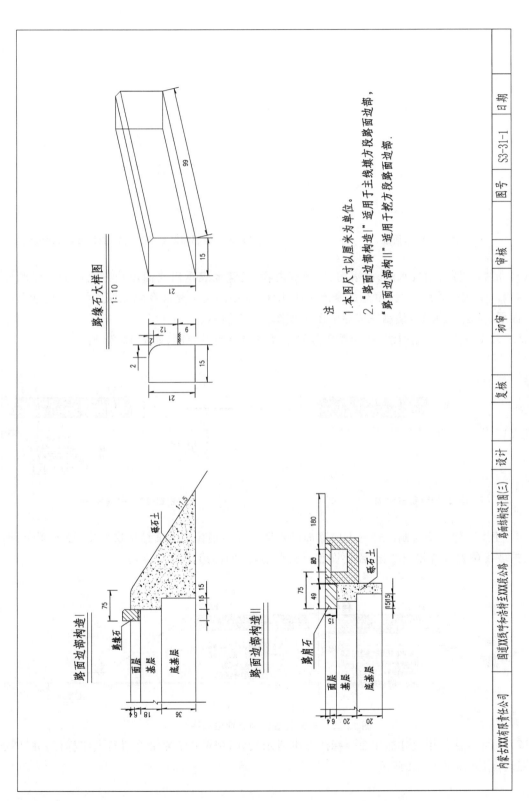

图11-18 路面结构图(三)

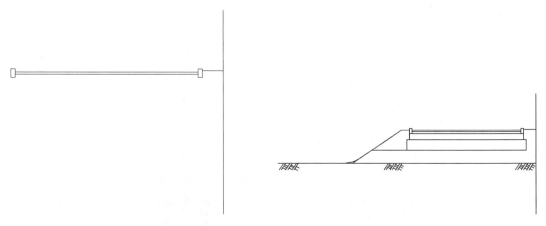

图 11-19　绘制路面线　　　　　图 11-20　绘制路基线、分界线、原地面线、边坡线

(4) 根据需要绘制排水沟、截水沟、挡墙等内容,完整地表示出路面填挖方之后的道路断面形状结构。本例中采用直线、填充命令绘制排水沟,采用图案填充命令填充路面结构,包括上面层、下面层、基层、底基层,绘制完成后的图形如图 11-21 所示。

(5) 引线标注。绘制引线,按照顺序分别描述各层材料及厚度,如图 11-22 所示。

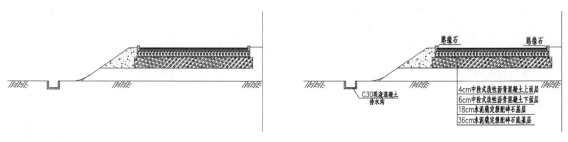

图 11-21　绘制排水沟　　　　　　　图 11-22　引线标注

(6) 使用镜像命令绘制出轻载方向路面结构图。注意镜像后路面结构层厚度、原地面线、排水沟、护坡线位置等有相应变化,需要调整,绘制完成后的图形如图 11-23 所示。

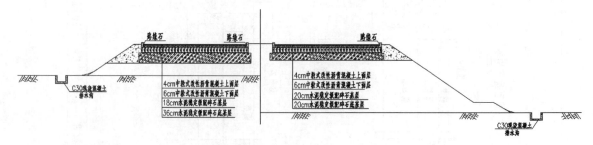

图 11-23　绘制轻载方向路面结构图

(7) 尺寸标注。用尺寸标注命令标注图中所示尺寸,用单行文字命令进行文字标注,并插入标高图块,结果如图 11-24 所示。

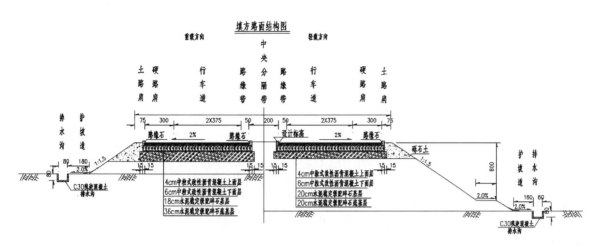

图 11-24 尺寸标注路面结构图

说明：完成该图形绘制的方法有多种，以上提供的仅为参考绘图步骤，读者可以采用不同步骤及方法绘制。

操作实训

1. 试绘制完成图 11-25 所示的路基支挡、防护工程设计图（一）。
2. 试完成图 11-26 所示的路基支挡、防护工程设计图（二）。

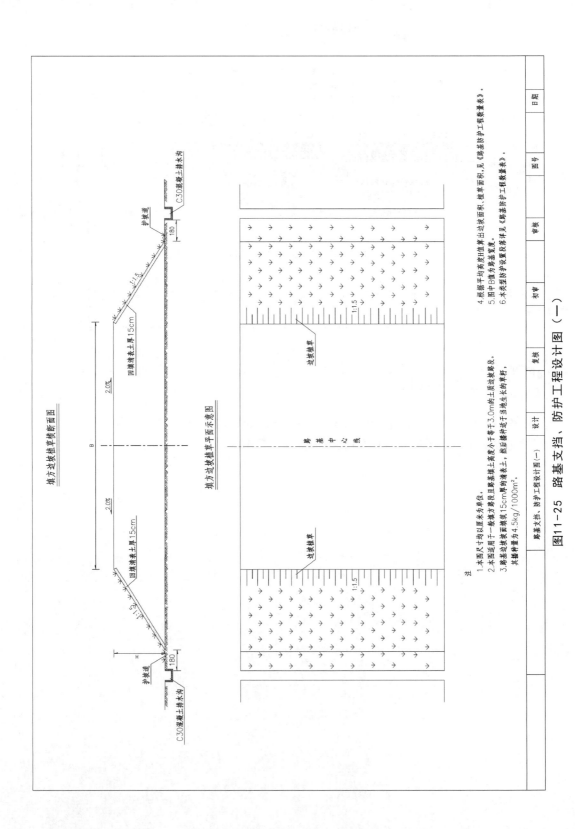

图11-25 路基支挡、防护工程设计图（一）

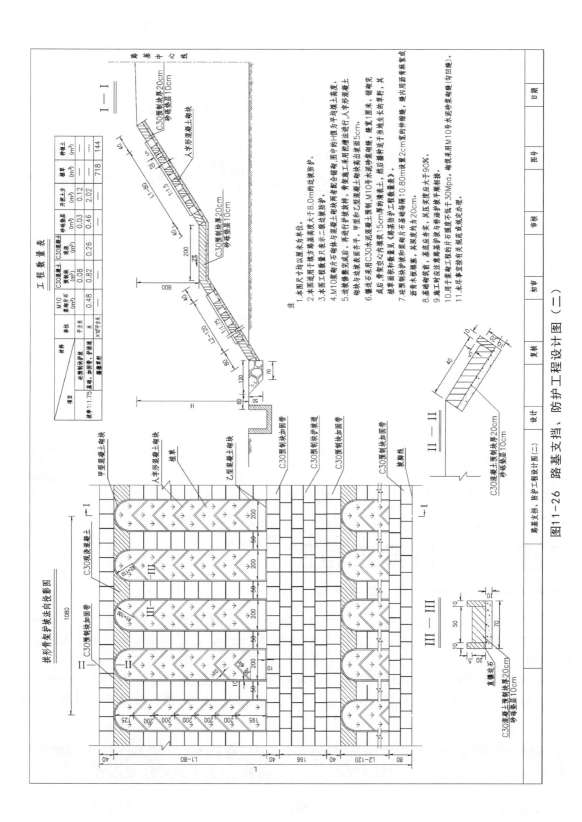

图11-26 路基支挡、防护工程设计图（二）

学习情境 12 桥涵工程图的绘制

任务 1 桥梁工程图

桥梁无论其形式和建筑材料如何,其构造和组成基本相同,主要由上部结构(主梁或主拱圈和桥面系)、下部结构(桥墩、桥台和基础)及附属构造物(栏杆、灯柱及桥头锥体护坡和导流堤等)构成。

一座桥梁的建造需要的图样很多,但一般可分为桥位平面图、桥位地质纵断面图、桥型布置图、构件图、大样图等几种。桥梁总体布置图主要由立面图、平面图、侧面图、路基设计表及注释组成。

一、图样说明

如图 12-1 所示,桥梁上部为 5 孔 30 mT 形连续梁,下部为空心双薄壁式墩、桩基加承台墩基础和桩柱式桥台。桥型布置图中包括立面图、平面图、纵向坡度示意图。立面图主要表示主梁、桥台、桥墩、桥头搭板、水准标尺、桥梁中心、地面线、地址说明等；平面图表示出桥台、桥墩、桥头搭板等构件在平面上与公路中心线的关系以及各构件在平面上的尺寸。

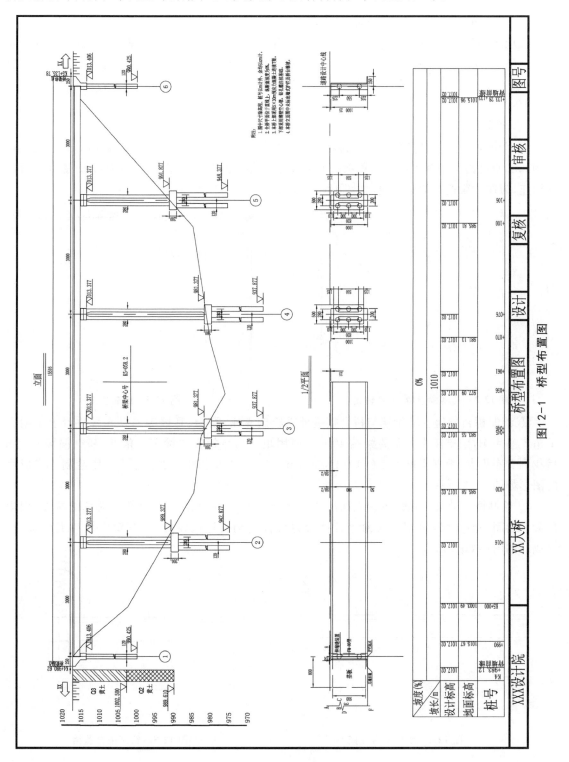

图12-1 桥型布置图

二、桥梁立面图的绘制步骤

（1）调用样板或新建图层、设置文字样式、标注样式。

（2）绘制桥梁墩、桥台轴线。将中心线图层置为当前图层,使用直线命令,绘制一条直线表示桥台台身中心线,使用复制命令生成其他竖向桥墩、桥台位置线;再绘制桥梁平面布置图中的桥梁中心线;为明确桥墩、桥台在桥梁立面图中的位置关系,对桥墩、桥台线进行轴线编号标注,如图12-2所示。

（3）绘制桥梁立面图。

① 绘制主梁。使用直线命令绘制桥面线。根据翼缘板厚 20 cm,桥面铺装 16 cm,主梁梁高 1760 cm,使用偏移命令生成主梁翼缘板和主梁底面线。使用直线命令将桥面线及底面线两端点相连,为连续梁边跨的梁端线,如图12-3所示。

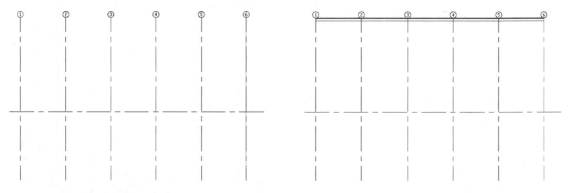

图 12-2　绘制桥梁墩、桥台轴线　　　　　图 12-3　绘制主梁

② 绘制桥台支座。桥梁端与桥台接头处需绘制支座、桥台、耳墙等。以 6 号桥台上主梁右下角支座为例,因支座中心距离梁端 40 cm,使用矩形命令捕捉主梁右下角点,基点偏移 40 cm 后找到支座角点,根据支座尺寸(10 cm×30 cm×50 cm)指定另一角点完成支座绘制。完成后的图形如图 12-4 所示。

③ 绘制桥台盖梁。根据桥台立面尺寸 170 cm×160 cm,且以 6 号轴线呈对称的特点,用矩形命令绘制桥台盖梁,再用移动命令将桥台盖梁移动到支座底线处,使其轮廓线与支座接合。完成后的图形如图 12-5 所示。

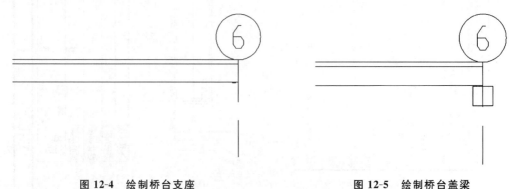

图 12-4　绘制桥台支座　　　　　图 12-5　绘制桥台盖梁

④ 绘制耳墙。耳墙位于桥台后边的两侧,可起到安全的作用,和桥台连接一起,还能起支撑桥头搭板的作用。本例耳墙高 192 cm,尾部高 70 cm,耳墙前背墙与主梁梁端之间有 8 cm 的伸缩缝。绘制方法:用直线命令捕捉桥面线上右角点,基点偏移伸缩缝间隔长度为耳墙绘制起始点,根据耳墙尺寸绘制耳墙;用修剪命令选择在耳墙前墙线和耳墙尾墙线间桥台盖梁顶部的线段进行修剪。完成后的图形如图 12-6 所示。

⑤ 绘制桥墩。绘制桥墩时需要绘制桥墩盖梁、墩支座和墩身部分。以 2 号桥墩为例,绘制步骤如下:根据桥墩支座立面尺寸 30 cm×10 cm 及支座中心线距离 40 cm,用矩形命令绘制 2 号桥墩轴线的主梁下支座;接着用矩形命令绘制宽 300 cm、高 160 cm 的桥墩盖梁立面图形,绘制好后移动,至与支座底线重合。完成后的图形如图 12-7 所示。用直线命令从桥墩盖梁与 2 号轴线相交处起绘制与轴线重合的直线,向左右两侧分别偏移 140 cm、60 cm,绘制出墩身薄壁外边缘线和内边缘线,以此内边缘线上下端为起点,调用直线命令,分别向 2 号轴线做垂线,再用倒角修剪命令做 50 cm×30 cm 的内壁上下承托,完成后的图形如图 12-8 所示。

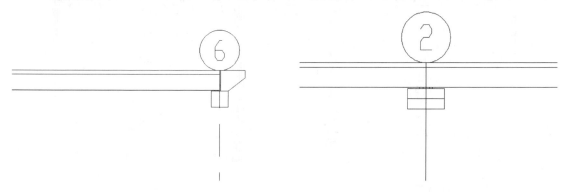

图 12-6　绘制耳墙　　　　　　　　图 12-7　绘制桥墩支座、盖梁

⑥ 绘制桥梁桩基础。承台尺寸为长 820 cm、宽 500 cm、高 200 cm,用矩形命令绘制承台,然后用移动命令以 2 号轴线为承台中心,将承台移到桥墩墩身正下方。基桩绘制时先绘制单根,直径为 120 cm,再用镜像或复制命令完成全部基桩的绘制。绘制桩基础时需要绘制代表圆柱的截断面符号,将基桩截断,否则会超出图幅,截断线的绘制可采用圆弧命令完成。

完成后的图形如图 12-9 所示。

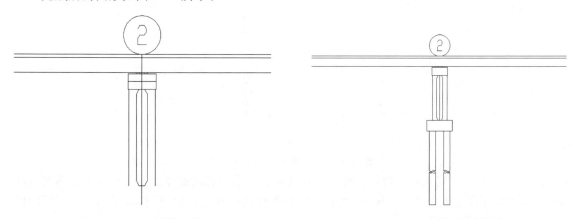

图 12-8　绘制桥墩立柱　　　　　　　图 12-9　绘制桥梁桩基础

⑦ 其他桥台和桥墩的绘制。以 2 号墩主梁梁底与轴线交点为基点,复制 2 号墩的桥墩盖

梁、支座、立柱、基础到3、4、5号墩与主梁梁底的交点；然后用复制命令将单根基桩复制到1、6号桥台正下方与桥台底相接处。完成后的图形如图12-10所示。根据图12-1所示的实际高度，拉伸2、3、4、5墩身及1、6号桥台基础到其相应实际高度。完成后的图形如图12-11所示。

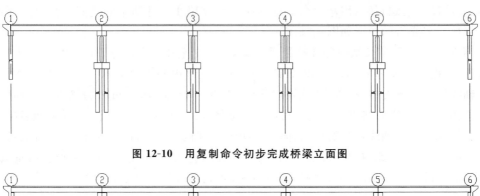

图12-10 用复制命令初步完成桥梁立面图

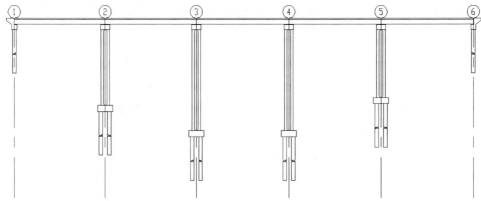

图12-11 拉伸后的桥梁立面图

⑧桥位处实测地面线绘制。根据桥位处实测地面线高程用多段线或直线命令绘制地面线，完成后的图形如图12-12所示。

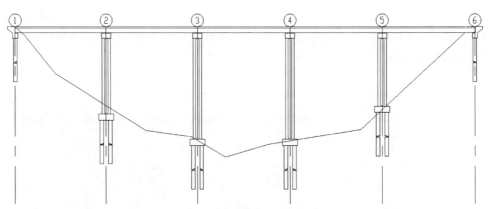

图12-12 绘制桥位处实测地面线

（4）尺寸标注。完成各部位尺寸标注。标高符号可采用直线命令绘制好后存为带属性的图块，在需要的标高位置处插入。同时，将轴线编号用移动命令移到桥墩、桥台下部。完成后的图形如图12-13所示。

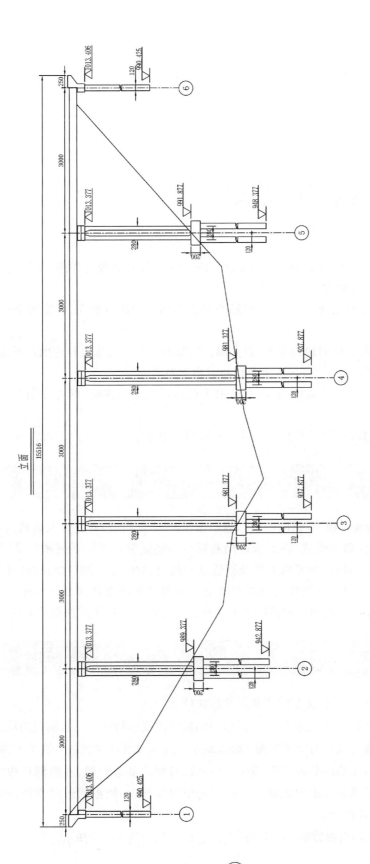

图12-13 完成尺寸标注

> **说明**：完成该图形绘制的方法有多种，以上提供的仅为参考绘图步骤，读者可以用不同步骤及方法绘制。

任务 2 涵洞工程图

涵洞工程图主要由立面图（纵剖面图）、平面图、侧面图及必要的构造详图（如涵身断面图、钢筋布置图等）、工程量表等组成。

（1）立面图：常取中心纵断面图，即沿涵洞轴线竖直剖切所得的投影面，它能较全面地反映出涵洞的构造。

（2）平面图：一般不考虑涵洞顶的覆土，但要画出路基的边缘线位置及相应的示坡线。平面图上有时不画出涵身基础的投影，而在立面图和断面图中表示。

（3）侧面图：表示洞口正面布置的情况，当进出水洞口形状不一样时，则要分别表示出其进出水洞口布置图。

涵身断面图、钢筋布置图、翼墙断面图等可在另外的图中表示。

一、图样说明

图 12-14 所示的圆管涵立面图（纵断面图），表示出涵洞各部分的相对位置及其构造，如管节长度、管壁厚度、覆土厚度、路基横坡、进出水口涵底标高和涵底纵坡等。平面图与纵断面图对应，绘制出路基边缘线和示坡线，涵管内外壁及涵管基础的投影线、左右洞口的投影。因为突出表示的是涵洞部分，因此采用折断线截去涵洞两侧适当位置以外的路基部分。另外，应标出涵洞中心桩号和涵轴线与路线的夹角。侧面图主要表示出洞口的立面形状及断面的有关尺寸。

二、涵洞立面图的绘制步骤

（1）建立并设置好相应图层、文字样式和尺寸标注样式。

（2）绘制轴线。为绘图方便，绘制代表立面图中涵底纵坡线、道路中心线、洞口边缘线、路基边缘线等轴线。这一步骤完成后的效果如图 12-15 所示。竖向轴线从左到右依次为左侧锥坡外边缘线、左侧洞口边缘线、左侧路基边缘线、道路中心线、右侧路基边缘线、右侧洞口边缘线、右侧锥坡外边缘线。水平轴线表示涵底纵坡线。后面的作图步骤中，根据图形对称性，可先绘制涵洞左部分，再镜像出对称图形。

（3）使用偏移命令绘制出圆管涵管壁部分，完成后的图形如图 12-16 所示。

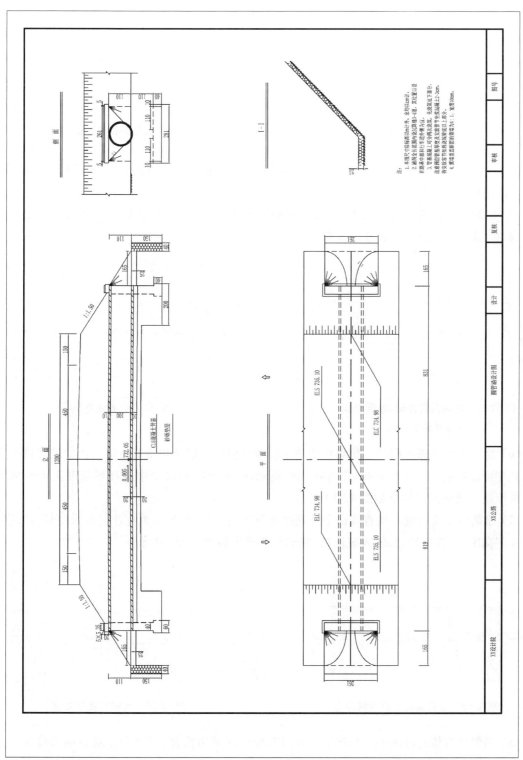

图12-14 圆管涵立面图

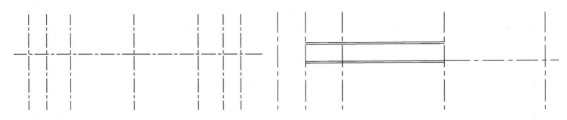

图 12-15　绘制轴线　　　　　　　　　图 12-16　绘制圆管涵管壁

(4) 继续使用偏移命令绘制出圆管基础及沙砾垫层,使用直线命令绘制端墙及端墙基础。完成后的图形如图 12-17 所示。

(5) 绘制缘石。根据缘石尺寸,采用矩形命令绘制。矩形绘制完成后启用倒角命令完成缘石的倒角。完成后的图形如图 12-18 所示。

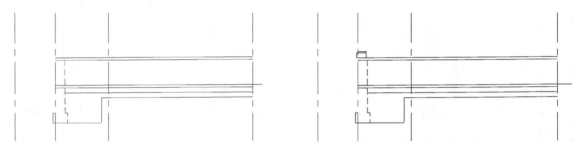

图 12-17　绘制圆管基础、沙砾垫层、　　　　　图 12-18　绘制缘石
　　　　　端墙及端墙基础

(6) 绘制锥坡及进水洞口。使用直线命令绘制左侧锥坡以及包括截水墙在内的进洞口布置图。其中可以绘制一长一短直线,作为阵列的基础线,再用阵列命令中的环形阵列完成锥坡示坡线的绘制。完成后的图形如图 12-19 所示。

(7) 绘制路基及边坡。用直线命令绘制路基及边坡,边坡坡度后面标注时可采用单行文字,指定文字高度、旋转角度后,输入坡度值,完成后的图形如图 12-20 所示。

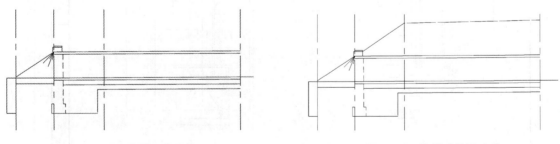

图 12-19　绘制锥坡及进水洞口　　　　　　图 12-20　绘制路基及边坡

(8) 镜像出右侧对称图形。长度不相等的部分可以采用拉伸、移动命令对齐到轴线处。完成后的图形如图 12-21 所示。

(9) 填充及尺寸标注。对圆管涵管壁等进行填充,完成尺寸标注。完成后的图形如图 12-22 所示。

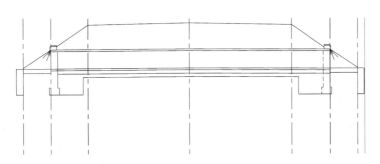

图 12-21 镜像绘制涵洞右半部分

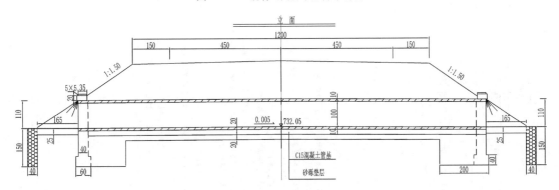

图 12-22 填充及尺寸标注

说明:完成该图形绘制的方法有多种,以上提供的仅为参考绘图步骤,读者可以采用不同步骤及方法绘制。

 操作实训

1. 试完成图 12-23 所示的桥型布置图。
2. 试完成图 12-24 所示的桥台构造图。

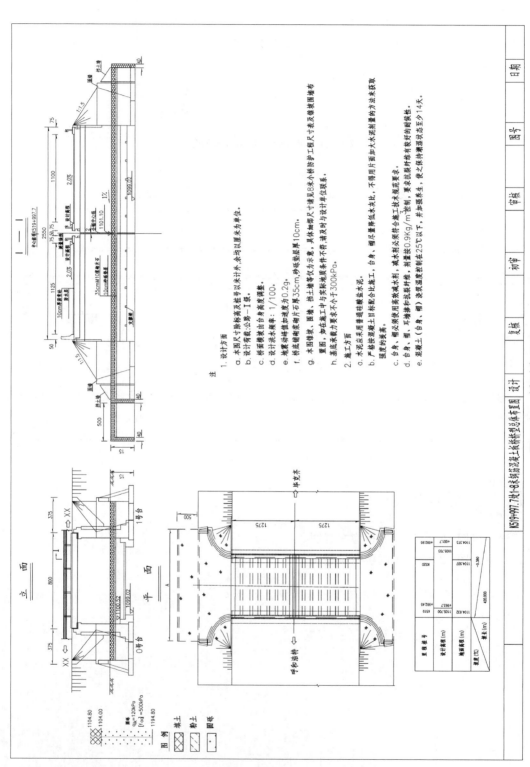

图12-23 桥型布置图

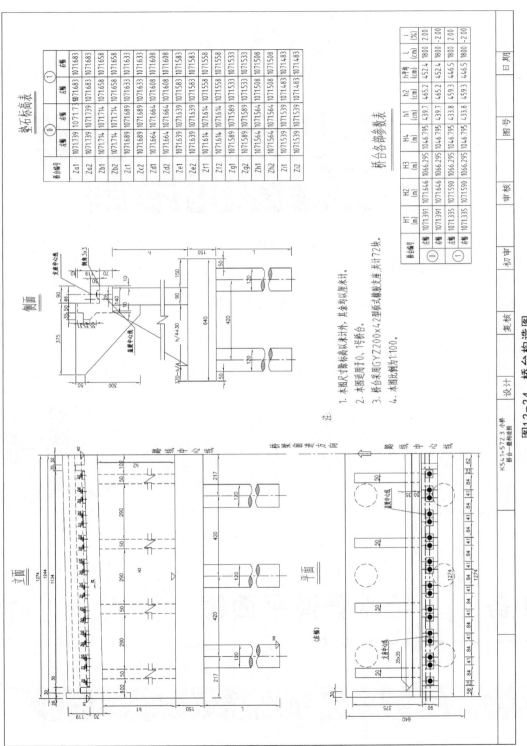

图12-24 桥台构造图

学习情境 13 市政给排水管道工程图的绘制

任务 1 给水管道平面图

一、绘制要求

市政给水管道平面图的图纸比例通常与道路和排水平面设计图一致,一般为 1∶500～1∶1000,本例采用 1∶1000 比例绘制,并按管道图的有关要求在图上标明以下内容:

(1) 现状道路或规划道路中心线及折点坐标；

(2) 管道代号、管道与道路中心线或永久性地物之间的相对距离、节点号、管距、管道转弯处坐标及管道中心线的方位角、穿越障碍物的坐标等；

(3) 与本管道相交或相近平行的其他管道的状况及相对关系；

(4) 主要材料明细表及图纸说明。

二、绘图准备

(1) 调用道路平面图，关闭或冻结无关的图层，如控制点坐标、转弯半径、道路桩号等，如图13-1所示。

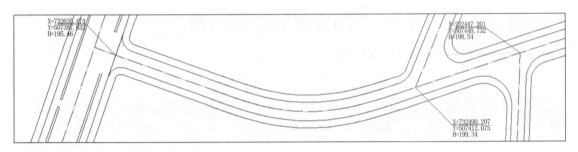

图 13-1　道路平面图

(2) 另存图形文件名称为"给水管道平面图.dwg"。

(3) 设置图层及其特性：管道图层的线宽可设置为 0.4～0.6 个图形单位，其余图层线宽为默认值。

(4) 设置文字样式为仿宋，宽度因子为 0.8。

三、绘制步骤

(1) 将道路中心线偏移至当前给水管道图层，根据设计要求偏移距离分别为 14、7、5 个图形单位，经过修剪及延伸后得到图形如图 13-2 所示。

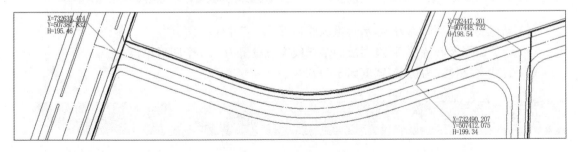

图 13-2　绘制给水管道

(2) 道路交叉口管道相接处用圆命令绘制半径 2 的阀门井符号。

(3) 标注尺寸及文字。标注管道信息，最终得到图 13-3 所示的给水管道平面图。

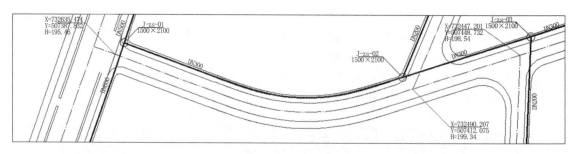

图 13-3 给水管道平面图

任务 2 给水管道纵断面图

一、绘制要求

管道纵断面图是反映地面起伏、管道敷设的埋深、管道交接等情况的主要技术资料之一。在管道纵断面图中横纵两个方向分别采用不同比例绘制,一般横向比例与管道平面图一致,常采用1∶500、1∶1000等,纵向比例常为横向的5～20倍,常采用1∶50～1∶100。本例采用横向比例1∶1000,纵向比例1∶100。

图中设计地面标高用细实线绘出,原地面标高用细虚线绘制,并在纵断面图下方的图标栏内,将相关数据依次填入。纵断面中的管线可以按照管径大小绘制为双线或单线,一般以粗实线绘制。与本管道交叉的地下管线、沟槽等应按照比例绘出截面位置,并标明管线代号、管径、交叉管管底或管顶标高,交叉处本管道的标高及距离节点或井的距离。

二、绘制准备

(1) 新建图形文件名称为"给水管道纵断面图.dwg"并保存。
(2) 设置图层及其特性:管道图层的多线线宽可设置为 0.5 个图形单位。
(3) 设置文字样式为仿宋,宽度因子为 0.8。

三、绘制步骤

(1) 激活直线命令,绘制一条 80 mm 长的铅垂线,将该线向右偏移 141.10、205.57,结果如图 13-4 所示。
(2) 在铅垂线的下端绘制一条水平线,如图 13-5 所示。

图 13-4 绘制铅垂线并偏移　　　　　图 13-5 在铅垂线的下端绘制一条水平线

（3）将刚绘制好的水平线水平向下阵列,"阵列"对话框中的参数设置如图 13-6 所示,阵列结果如图 13-7 所示。

 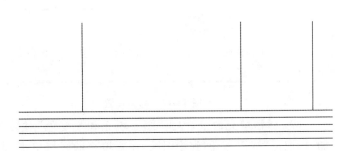

图 13-6 "阵列"对话框中的设置　　　　　图 13-7 阵列后效果

（4）标高标尺的绘制,将上一步中左端的直线向左偏移 26 mm,如图 13-8 所示。

（5）激活直线命令,捕捉左下端点为起点,向上绘制一条直线,如图 13-9 所示。

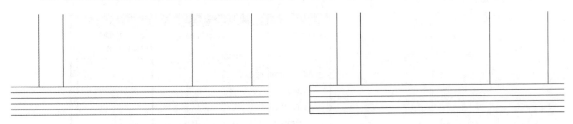

图 13-8 左端的直线向左偏移　　　　　图 13-9 捕捉左下端点为起点,向上绘制一条直线

（6）激活偏移命令,将最左端直边向左偏移 1 次,偏移距离为 1 mm,如图 13-10 所示。

（7）激活直线命令,在上一步偏移的直线段下端向上 5 mm 处绘制 2 mm 长的水平直线段,如图 13-11 所示。

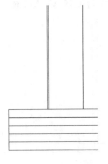 

图 13-10 最左端直边向左偏移　　　　　图 13-11 绘制水平直线段

(8) 阵列刚绘制的 2 mm 长的水平线,在"阵列"对话框中设置参数如图 13-12 所示。完成阵列效果如图 13-13 所示。

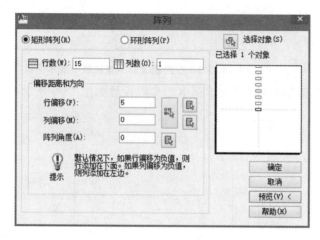

图 13-12　阵列设置

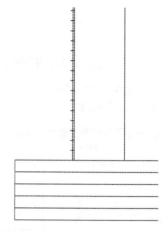

图 13-13　阵列效果

(9) 激活填充命令,弹出"图案填充和渐变色"对话框,选择图案名称为"SOLID",单击"添加:拾取点"按钮,返回到绘图区,在要填充的区域单击,此时看到区域图形变成了虚线,说明已经选择了边界,按确定键,返回到对话框,单击"确定"按钮,效果如图 13-14 所示。

(10) 再激活阵列命令,将已填充部分向上阵列,在"阵列"对话框中设置参数如图 13-15 所示,阵列结果如图 13-16 所示。

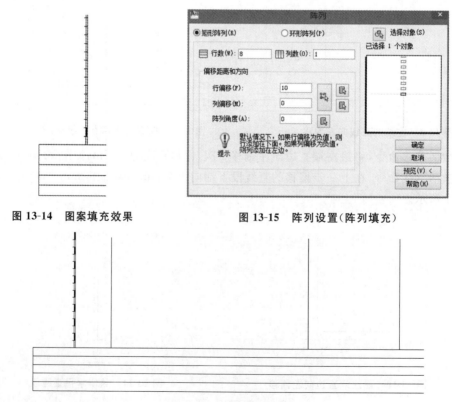

图 13-14　图案填充效果　　　　图 13-15　阵列设置(阵列填充)

图 13-16　阵列填充效果

(11) 文字标注标高尺,结果如图 13-17 所示。

图 13-17　标注标高尺

(12) 设计路面线的绘制:直接从道路纵断面图中复制设计路面线,将其粘贴到当前图形文件中,粘贴时应注意参照点标高与标尺要正确对齐位置,如图 13-18 所示。

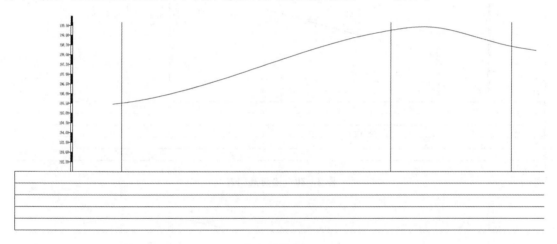

图 13-18　粘贴设计路面线

(13) 管道剖面线的绘制。管道剖面线为单线图或双线图。若绘制双线图,以管中埋深为偏移量,偏移设计路面线,得到给水管中心线,再根据管径偏移得到管道双线剖面线图。此例为管径相同,画单线图:激活多段线,设置线宽为 0.5 个图形单位,连接在管道节点(阀门井)纵向投影与设计路面相交处垂直向下 1.2 m 确定的管中心线位置。激活圆命令,在管线交叉处绘制圆,完成的效果如图 13-19 所示。

(14) 激活直线命令,绘制阀门井,绘制后的效果如图 13-20 所示。

(15) 表格竖线位置根据管道分支、管线交叉和阀门等附件位置确定。完善后的表格如图 13-21 所示。

(16) 设计参数的标注。在给水纵断面图表格内输入标注节点编号/桩号、设计路面高程、设计管中心标高、管径、管道长度、坡度等。添加设计参数后的效果如图 13-22 所示。

(17) 调整表格栏宽度,并完成其他图线的绘制,结果如图 13-23 所示。

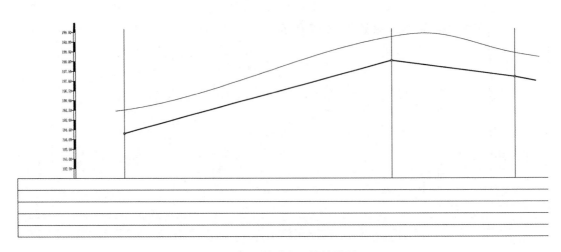

图 13-19　管道剖面线的绘制

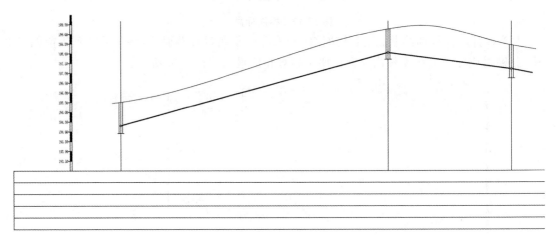

图 13-20　绘制阀门井

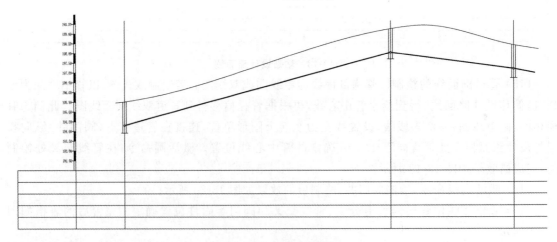

图 13-21　绘制表格竖线

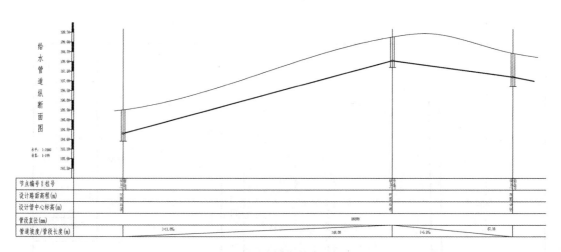

图 13-22 标注设计参数

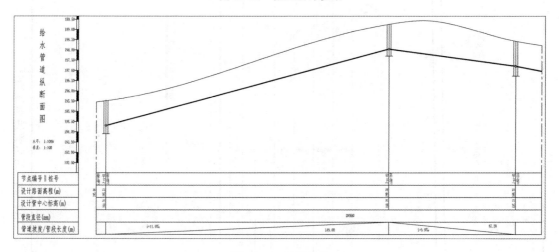

图 13-23 最终效果

说明：完成该图形绘制的方法有多种，以上提供的仅为参考绘图步骤，读者可以采用不同步骤及方法绘制。

操作实训

1. 试绘制图 13-24 所示的污水管道纵断面图。
2. 试绘制图 13-25 所示的污水处理配水管工艺图。

市政与路桥工程CAD

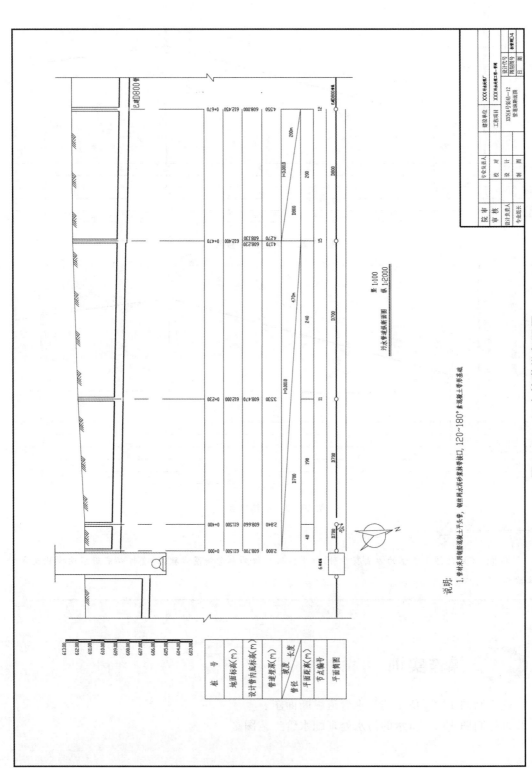

图13-24 污水管道纵断面图

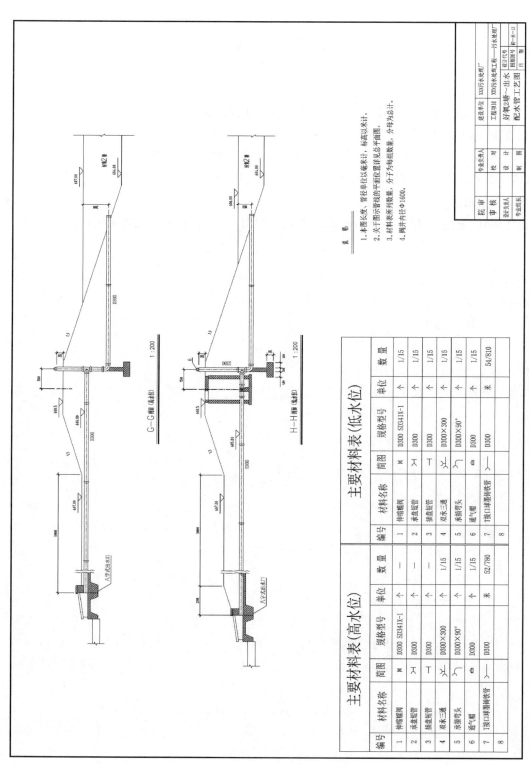

图13-25 污水处理配水管工艺图

参 考 文 献

[1] 张邰生.公路CAD[M].2版.北京:机械工业出版社,2012.
[2] 刘建锋,陈勇民.市政工程CAD[M].北京:机械工业出版社,2013.
[3] 赵明星.给水排水工程CAD[M].2版.北京:机械工业出版社,2014.
[4] CAD/CAM/CAE技术联盟.AutoCAD 2014中文版土木工程设计从入门到精通[M].北京:清华大学出版社,2014.
[5] 张立明,闫志刚,蔡晓明.AutoCAD2010道桥制图[M].北京:人民交通出版社,2010.